天下文化
BELIEVE IN READING

帶著桎梏翱翔

鐵肺會計師黃鴻隆

史威爾——著

天下文化 遠見

目錄 CONTENTS

序一

閱讀是突破困境的解方

高希均 遠見・天下文化事業群創辦人

遠見・天下文化事業群於二〇〇六年引進《哈佛商業評論》全球繁體中文版，透過不同形式，如期刊、課程等，幫助台灣的企業領導人認識國際管理趨勢及思維。

其中的「領導者學程」，學員是來自各產業的領導者或高階主管，大家難得相聚一堂，總是積極分享，同仁們告訴我其中有一位同樣熱情無比的學員，如果不仔細觀察，也許不會發現他坐輪椅，而且帶著呼吸器。

這位學員就是誠品聯合會計師事務所創辦人，黃鴻隆會計師。

黃會計師在彰化開業，每次來上課，他都得花幾個小時的交通時間來到台北。這股毅力，令人佩服。後來有機會和他談話，立刻發現他是一位「學習」的實踐者。

黃會計師於東海大學會計系畢業後，接著完成會計系EMBA課程，在執業過程中了解到法律對於企業經營的重要，於是再進入中興大學念法律學碩士。因爲服務許多台商，他又遠赴上海財經大學就讀會計研究所，往返於兩岸之間，即使旅途中有諸多不便，他也不會放棄進修。

持續的學習，使他獲得深厚的專業，並獲得很多中台灣企業家的信任，包括跨足兩岸的台商、活躍國際的隱形冠軍及事業龐大的家族。每當他們遇到法務、會計、企業重整等問題，黃會計師就成爲他們重要的諮詢對象或合作夥伴。

黃會計師的經驗，告訴大家「勢利社會，人的地位來自財富；公平社會，人的價值來自專業。」

天下文化從四十年前創辦至今，我常說自己一生最喜歡做的事，就是傳播進步觀念，推廣閱讀與學習，因爲充實的人生「以讀好書始，終身學習終」。這個信念，在黃會計師身上得到了印證。

黃會計師喜愛閱讀，從財經、法律到哲學思想，廣泛涉獵，一天投入八小時在書本中。爲了解決視力不便帶來的困擾，他將書籍拆開，然後逐頁掃描成電子檔案，在電腦上放大字體閱讀。從他分享閱讀心得時的熱情，可以發現，他的自信已經突破時空及身體的限制，活出自己積極樂觀的人生。

他給我們每一位讀者提供了可以學習的榜樣。

一序一

永不放棄的生命鬥士

林賢郎 中華法務會計研究發展協會榮譽理事長

在我心中，黃鴻隆會計師是一位生命的鬥士。

認識黃會計師已二、三十年，他在中部開業，處理一般會計師事務所較少處理的企業重整案，我當時也經手不少企業的重整案，業務上常有往來，因而相識，我對他的認眞負責和拚勁，留下了深刻印象。

黃會計師不但全力在會計界打拚，也熱心公益，一九九九年在我擔任台北市會計師公會理事長、二〇〇三年至二〇〇六年中華民國會計師公會全國聯合會理事長期間，他常推動很多會計界與財金法令相關的公衆議題，只要他有需要，我都會介紹相關領域的學者專家給他。

黃會計師最讓我感動的是，他不是一個追求自身利益的人。二〇一一年四月，當他爲事務所舉辦開業二十五週年感恩茶會時，提出構想，要成立協會以回饋社會。接下來很快地付諸行動，與我商量成立社團法人相關事宜，他坐著輪椅，四處奔走，完全無私的奉獻，其毅力與精神令人敬佩。之後籌備會議召開時，有許多學者專家參與協會，我深信他們都是受到黃會計師的精神及熱忱所感召。

二〇一二年三月，中華法務會計研究發展協會成立，那天我在事先完全不知情的狀況下被推舉爲第一屆理事長，非常意外，但看著黃會計師如此辛苦，也如此誠摯，我實在不能置身事外，決定全力和他一起推動協會事務。

協會成立後，黃會計師的付出常讓我覺得不可思議，他的身體和行動雖不方便，卻南來北往，從不停止腳步，而且從不喊累，一年舉辦五、六場研討會，邀請全台北中南各地一流的會計學者與會，代表會計界向政府提出建言。

我與黃會計師不但是工作和公益上的夥伴，在私人情誼也是相知甚深的好友，我常常看著他受到身體病痛的桎梏，行動又如此不便，卻對公益事務不遺餘力地付出，一心一意爲會計界、爲企業界奔走，心中不禁常想，像他這樣的人都可以如此全心全意地奉獻，我們身爲健康的人，又豈能袖手旁觀？

在我眼中，黃會計師對生命、對工作的熱情，遠超過一般人，他所做的很多事，一般身體健全的人都不一定做得到，他卻憑藉著行動不便的身軀，無怨無悔地傾力投入，而且從不向命運低頭，秉持強勁毅力克服困難，擁有鍥而不捨的精神。

我虛長黃會計師幾歲，像是他的兄長，也是無話不談的好友，常常忍不住提醒他注意身體，千萬不要太過勞累，但他常對我說，自己能活到現在已遠超過他所想要的，未來多活一天，就是多撿到一天，他想利用有生之年做更多的事，爲社會貢獻更多，而非只爲自己而活。

我非常欽佩他這份永不放棄的精神，而且這股拚勁不是只爲自己，是爲了更多人的福祉，讓人感動。

黃會計師的新書即將付梓，我很爲他高興，也希望他的人生故事能被更多人看見，我相信，這樣的一個人，對台灣社會絕對有正面影響，値得大家一起來了解他的人生，未來也期待黃會計師能繼續發揮影響力，讓台灣更好。

一序一

分享經營生命的喜悅

黃鴻隆 誠品聯合會計師事務所所長

我念的是東海會計，東海是那樣的大、階梯是那樣的多，對於身障的我，無疑是縱容我思緒飛揚、奠基我生活美學、豐厚我生命廣度、圓融我處事態度的最好養分來源。畢業後做的是會計師業務，但我始終保持一顆浪漫的心，以無比的熱情去傾聽客戶心中的想法，站在客戶的角度去理解、思維。每一個經過我評估與規劃的個案，都保有我用心服務的感情軌跡。這種「生活美學」的態度，我想絕對是源自「大肚山的能量」。

脊椎嚴重側彎的我，對截彎取直，始終有著無限的夢想，因此在穿義肢、拿拐杖六年後，因緣俱足，在台大醫院進行了校正手術。總計兩年三個月的時間（一九八七年十二月一日至一九九〇年二月十五日），前前後後動了五次大刀，每次輸血要超過三千cc。猶記得進開刀房前，護士阿姨看到我滿心喜悅，而且還在打哈欠，不禁疑惑地問我：「黃先生，你眞的不害怕嗎？」因爲我心中滿是那位開刀後英俊挺拔的自己，因此我回阿姨說：「不會耶！」這是一份享受生命喜悅的坦然與自在。

絕處逢貴人

刀是開完了，也許調養不足，後來（一九九三年三月）還引發了一次缺氧病危。在一九九七年年間，到上海財經大學念會計研究所；由於不習慣當地氣候，所以在感冒的回程飛機上引發過氧病危。缺氧當時（一九九三年），我的昏迷指數是三，醫院已發病危通知了。感謝上蒼的祝福，生命中的貴人出現了，他是時任台北榮總呼吸治療科主任的王家弘醫師，是他帶領我走出死亡幽谷，展開我的「鐵肺」人生；當我在香港因過氧再次陷入昏迷時（一九九七年），也是王醫師義無返顧地飛抵香港，指導外籍醫師，我才得以平安返台。

二十年後（二〇一七年），因運動過度引發二氧化碳滯留，導致pH值呈現酸性，陷入昏迷病危，完全是始料未及的，我已意識到，此次病況絕非前兩次病危可相比擬。感謝上蒼的祝福，王家弘醫師在我住進加護病房的第二天早上八點，就已排除萬難出現在我床前，在我住院期間透過LINE全程指揮醫療，三度帶我走出死亡幽谷。

現在我每天晚上，全身都要睡在密閉的鐵肺裡，伸出來的頭部要戴上呼吸器。雖然不能像常人睡在床上，怎知也許這正是上天最好的祝福！這三十年來，讓我夜夜獲得最最完美的休息（等同是由機器爲我做腹式呼吸，再加上正壓呼吸器從旁輔助），所以每天一早起床，臉色永遠是容光煥發。

我在高中時，心中始終有一段經典的英文詞「I prefer the challenge of life, than the guaranteed existence.」四十幾年後的今天，在心裡底層，我從未放棄那份對生命意義所懷抱的理想，凡事熱情洋溢、熱愛生命、以利他的角度出發。所以截至目前（縱然已經過三次生死來回），我一直活得很快樂，也許這就是經營生命的喜悅。

我考上會計師時年僅二十六歲，的確是比較年輕，身障的外表、稚嫩的臉頰，面對難以登堂入室的障礙環境，是吃了不少苦頭，所以當時我就期許自己，我的人生路，要走得迂迴一點，但這反而讓我有更多的舞台，去蓄積生命的能量，賣力演出。所以我就鼓動熱情，心懷感恩，把肢體殘障的缺陷，當作是淬煉自己成長最好的養分來源，用經營生命的態度，形塑我個人特有的「品牌」，踏出並享受我的人生路。

意外展開重整之旅

因緣際會，經法院指派個人爲肯尼士股份有限公司之重整檢查人後，隨卽碰到亞洲金融風暴，所以接下來，中部多數傳統產業一家一家財務不支倒地，自此展開我的重整、破產之旅。每一件財務艱困的個案，面對的是數十億、甚或數百億的負債，一臉茫然的員工、受傷累累的金融機構……，直接或間接受波及的人，除了員工、投資股東、融資銀行外，該產業的上下游及產業同行都受到傷害，要如何取捨、化解這一場橫逆，對會計出身的我，無疑是一大挑戰，也成爲圓融我日後處事智慧最好的養分來源。

這趟重整、破產旅程，竟讓我因緣際會地踏入國會殿堂，去說服連立法委員諸公自己院內同仁都不買單，無法通過的修法提案，完成《公司法》重整修法的不可能任務。許多會計師同道、長官都告訴我，修法是大人的事，不是我們小孩子可以玩的。不過我心想，這是大是大非，具有生命義意的事，所以心中那份坦然與自在讓我勇往直前。這份因緣，在日後又衍生出無限善緣。猶記得當時，有多位行政長官告訴我說「以後我們部會如修法不順利，還請您多方幫忙……」。對於這次修法，外界都給予高度評價，認爲修得非常務實。

維力食品重整前，泡麵營收只有十二億元，經由重整後，公司的營收就一路攀升。泡麵市占率也跟著扶搖直上，年營收已近三十億元、市占率直逼二五%。加以過程中，引入策略性投資人，有效提升公司價值，增加債權銀行回收金額。這是一件繼東隆五金之後，少數重整成功的案子。一家進入重整的公司，就像一位住進加護病房的病人，要重建更生，恢復昔日榮景，是難上加難。不過這樣的因緣，卻是凝聚共識、上下一心的天賜良機。

近十年的維力食品重整歲月中，讓我有機會與維力同仁一起臥薪嘗膽，共同參與決策，這一切的一切，毫無疑問是奠定我日後管理高度的重要基礎。處理維力食品重整，從地方各銀行、區域中心、總行，每溝通一次，要花費逾三個月的時間，這樣的溝通，讓我能以更大的包容心、更寬廣的智慧，贏得信任並蓄積無數人脈與善緣。

完善財經法律環境

身爲執業會計師，處理的多是稅法、《公司法》及《證券交易法》等相關法規所衍生的數字爭議，但其結果卻往往要通過法律的評價；多年來在處理會計與前揭法律融合的案子時，總覺得費時費事，心想是不是有更具生命意義、更富人生價值的方式？所以我成立了「法務會計公益基金」及「法務會計協會」。目的是希望經由公益基金贊助協會，舉辦系列財經研討活動，化解重大財經爭議、提升行政效率，進一步建構出優良、眞正符合台灣企業需要的財經法律環境。

基金成立至今，已有十一個年頭，前後贊助超過六十場與「會計．法律」有關的大型財經議題研討會（因此促成若干財經法令的修改），同時贊助學者有關重要財經議題的著作出版（林文舟法官退休紀念論文集），更贊助學者在《經濟日報》上闢專欄長期連載（台大財稅法學研究中心主任柯格鐘的「稅改專欄」），獲得多方的肯定及迴響。

「得天下」與「治天下」是完全不同的概念，唯有厚實的後勤團隊，才是基業長青的關鍵，十年磨一劍後的協會，已然在家族治理、公司治理、稅務治理、鑑識治理等領域，匯聚了無數人才，這樣的資源，絕對是有心建構百年企業者最佳的倚靠。

用生命去影響生命

曾走過缺氧及過氧病危的我，怎麼也想不到人生竟然會發生二氧化碳滯留的意外，從而經歷了第三次插管。此次病危，我的元神已渙散，大家都擔心是不是回不來了？怎知我在兩年前，捐給彰化基督教醫院的鐵肺，卻在此時及時救了我自己，這眞是「先天而天弗爲」啊！此次病危，光在加護病房及一般病房就躺了兩個月。

出院這六年來，我也不斷問自己，是否還有人生使命未完成？此生要到哪裡去？回家後仔細體會我書桌上的三句話「天命之謂性，率性之謂道，修道之謂教」後，我已然明白。我是個有天命的人，順應著天命去做，就是生命的意義，用生命去影響生命，就是我此生要做、該做的事。這似乎與我的恩師詹茂焜期許我做「天工人」，是不謀而合的。

我今年已經六十六歲了，是傳承交班時刻，該談我餘生志業的時候了。想了想：

一、「成全」是我餘生的意義。所以不斷燃燒我自己，「成全」所有台灣的家族企業，成爲百年家族、成爲幸福企業。期許自己成爲化解家族財經糾紛的貴人、防杜家族財經糾紛的好友，所以我結合知名國際友人（原作者家族擁有兩大家族企業，都是財星五百大的成員，走過百年歲月，他們的家族成員關係一直非常融洽），共同在台公益出版《百年家族企業永續傳承心法——家族治理執行清單》等書。

二、「分享」是我此生的去處，希望自己的生命故事，透過這本傳記《帶著桎梏翱翔》可以影響更多的生命：對全球分享（體肺人生奇妙風景）、對華人分享（公益出書文字感召）、對身障人士分享（殘障身軀非凡恩典）。

我很喜歡蘇東坡的文采，他形容自己的一生是「黃州惠州儋州」，我看待自己是「五次大刀、三次插管」，每天都帶着容光煥發的臉頰、浪漫飛舞的心緒，跟著自己的直覺與理想往前行，讓我服務的感情軌跡超越理性盤算。所以「回首向來蕭瑟處，歸去，也無風雨也無晴」。

—開場白—

「鐵肺」超人

約翰・庫提斯（John Coutis），澳洲激勵大師，天生雙腿殘廢，十八歲時被迫截去下半身。他曾經連續三年獲得澳州殘障桌球冠軍，在舉重比賽中獲得亞軍，並擁有板球、橄欖球二級教練證書，獲媒體譽爲「無腿超人」。

尼克・胡哲（Nick Vujicic），澳洲佈道家，在先天沒有四肢的限制下，取得了會計及財務規劃雙學位，還創立了非營利組織及勵志演講機構。胡哲經常在全球各地巡迴演講，鼓舞成千上萬的人。

萊納・施密特（Rainer Schmidt），德國牧師，殘障奧運桌球金牌選手。他是典型的多重障礙者，色盲、天生沒有下臂、右腿也有殘疾。桌球是他的專長，曾在世界級的殘障奧運會和歐洲地區的身心障礙運動比賽中，贏得無數獎牌。

這三位生命勇士都曾來過台灣，和國人分享他們的生命歷程。他們並不知道，台下有位專心聆聽的觀眾跟他們一樣，勇敢面對上天的考驗，克服身體的缺憾，活出精采的人生。

他，就是會計師黃鴻隆。

兩歲七個月時，黃鴻隆便罹患小兒麻痺，從此不良於行。他脊椎側彎，做過五次矯正手術；因長期投入工作，造成呼吸肌肉過勞而缺氧，三次嚴重昏迷瀕臨死亡，如今每天都必須頭帶呼吸器，睡在俗稱「鐵肺」的負壓呼吸器中（目前他是全球唯一併用正負壓呼吸器的患者），整晚無法翻身。

即使如此，黃鴻隆仍積極向上，二十六歲就考取了會計師證照，在故鄉彰化執業，撐著拐杖四處拜訪客戶，經營出在地數一數二的會計師事務所。他不僅是中台灣眾多「隱形冠軍」的堅強後盾，更熱心投入公益活動，讓自己的每一天都活出意義。

黃鴻隆是輪椅上的小巨人。身體的缺憾，限制不了他卓越的靈魂，他突破重重逆境，擁抱生命的樂觀精神，爲社會帶來鼓舞人心的正向力量……

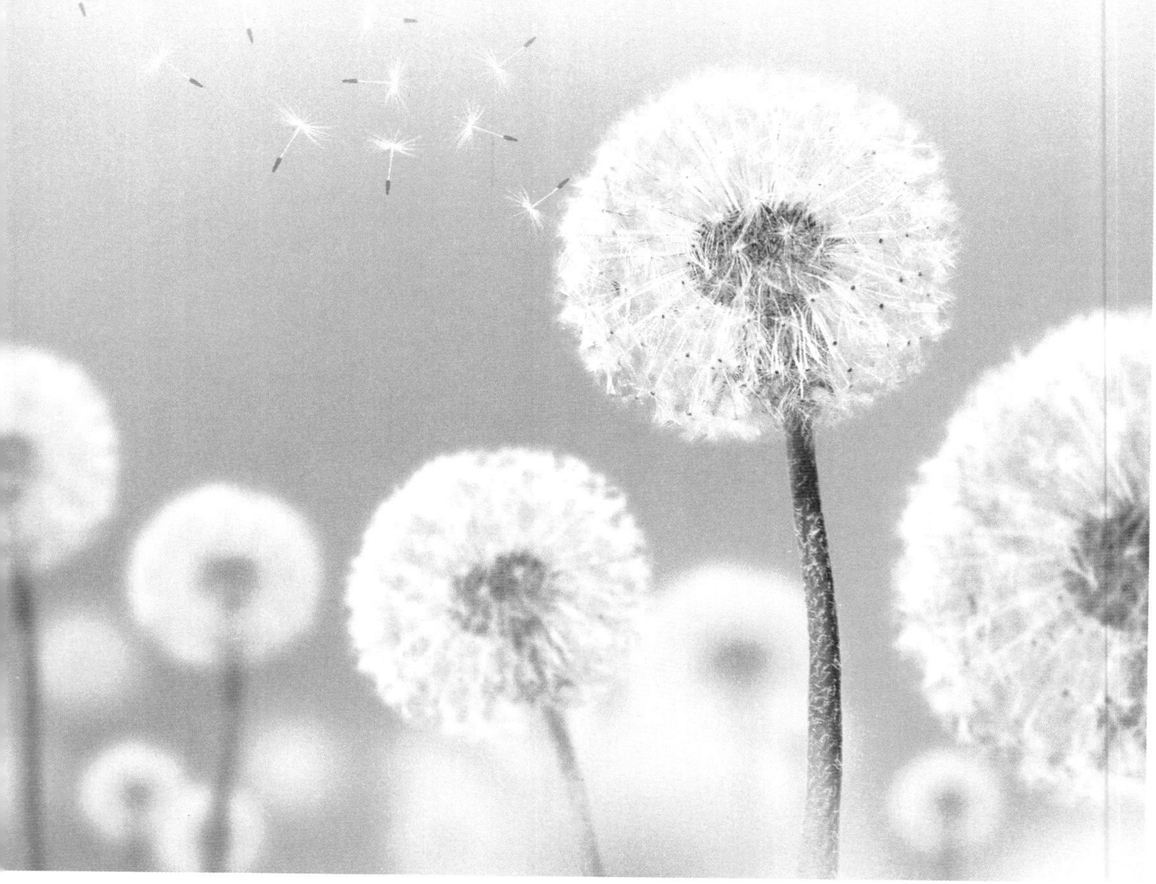

第一部

因爲愛，成長沒有缺憾

第一章

在百分百的愛中成長

從黃鴻隆來到桃園那一天起，
外祖父母放下一切，
用無條件的愛呵護他成長，
一切的一切，
只爲這個孩子而活。

黃鴻隆的人生中，有兩個故鄉：彰化，以及桃園。

從出生地來說，他是彰化人；然而，他整個童年回憶，幾乎都扎根在桃園。

從兩歲半到十八歲上大學前，黃鴻隆都住在外祖父家中。最先是鄉間的一處三合院，門前有晒穀場，一旁是兩分多地的水田，側邊是一口水井，後院是竹林圍繞。後來賣掉田地，才改建爲雙併平房。日後再買下旁邊的一棟平房，這是黃鴻隆高中以後的居住地。

外祖父是位樸實的農夫，個子很高，臉上刻滿歲月的痕跡，神情則十分慈祥和藹。

爲孫兒撐起一片天

外人眼中，他或許只是位尋常的鄉間老農，但在年幼的黃鴻隆心中，外祖父全身包裹的是「成全與分享」，他的生命意義是爲這個外孫而存在。外祖父是一位不識字的生命哲學家，他無我爲人的磊落，在在影響了黃鴻隆。他是爲黃鴻隆撐起日後一片天的巨人。

這是他兒時記憶的一幕：春天的田間，雨過天青，金黃色陽光在水田上跳動。外祖父踩著濕軟的泥土，彎著腰，黃鴻隆小小的身子，騎在外公厚實的背上，看見水田裡的水，淺淺映出外祖父和他，一老一小的身影，清除影響秧苗生長的雜草（閩南語叫作「㳍草」）。

「阿公，我想回家。」

「鴻隆乖，等阿公除完草，叫阿媽做草仔粿給你吃。」

他想像著外祖母在灶前做著香噴噴的粿，不禁嚥了嚥口水，便乖乖等待外祖父完成除草的工作。

厝角草（鼠麴草）是製作草仔粿的食材，通常是在播田之前，將那散發著濃郁香氣的青綠色嫩葉片採摘下來，經過陽光曝晒後，卽可在淸明時節製作草仔粿。

外祖父的慈愛，像溫暖的春風包圍著他，年幼的黃鴻隆感到無比安心。即使時隔六十多年，這一幕在他的腦海中，仍然十分鮮明。

沒有血緣關係的外祖父

其實，外祖父和黃鴻隆並沒有血緣關係。

他的外祖母曾是新竹香山大戶人家的童養媳，她爲男方產下兩個女兒，分別取名菊仙、琴仙。然而，男方觀念傳統，重男輕女，便把小女兒琴仙賣掉。

外祖母不願小女兒流離在外，毅然出走，歷經波折，找回了小女兒，後來，在旁人的介紹下，認識了外祖父。當時外祖父任職鐵路局，負責鐵路軌道修理，曾有一段婚姻，已經離異。兩人在桃園共組家庭，並將琴仙撫養長大。

琴仙便是黃鴻隆的母親。

「我媽媽非常聰明，會讀書，也會玩，能說一口不輸日本人的流利日語，」黃鴻隆說，「她畢業後，便進入當時桃園最大的紡織廠『大秦紡織』，工作賣力，很受長官重用。後來公司要在彰化設廠，便派我媽媽過去參與建廠，她當時可是帶領一千五百人的幹部。」

於是，來自桃園的母親，認識了彰化出身的父親。

黃鴻隆（左）與右爲大哥黃鴻川（右）、小弟黃鴻賓（中）在外公外婆家的曬穀場留影。

黃鴻隆的父親是窮苦人家的小孩，因爲家裡太窮，志願參加日本海軍工隊，前後被送往岡山及日本和歌山縣讀書及培訓。日本戰敗後，海軍工隊作戰計畫瓦解，他才得以返回台灣。

黃鴻隆說：「從日本回來後，我爸爸到五舅公家的布行學習生意，經過介紹，認識了在紡紗廠工作的媽媽，兩人相戀，便攜手締結婚姻，成立家庭。」

父親是「紅牌業務員」

婚後，兩人便在彰化市開設「永安布行」，而由於當時布店的生意很好，父親認爲，如果做布料批發生意會更有前途，便隻身北上大稻埕學習。

黃鴻隆手邊保存了一些他和父親的合照。照片中的父親，即使已經上了年紀，仍是濃眉大眼，身形英挺，不難想像年輕時的俊朗帥氣。加上父親受的是日本教育，做事有條理，忠誠度又高，很快就獲得老闆的賞識，在布界有「紅牌業務員」的封號。

黃鴻隆在八卦山自宅與全家人合影。

黃鴻隆的父親對故鄉有很深的依戀。當他在大稻埕學到西裝料批發的知識，建立了人脈後，便回彰化開設了「樹木尼龍公司」。他在大稻埕的老闆為了鼓勵這個年輕人，還贈送一句「向陽樹木早逢春」牌匾，祝他事業順利。

夫妻為了生計打拚之餘，家族成員也在增加。黃鴻隆是第二名新成員，前面還有一個哥哥。

孩子怎麼不會站了？

黃鴻隆繼承了父親的基因，從小就十分可愛，一臉聰明相。布莊的夥計很喜歡他，每次他出現在店裡，大家都搶著跟他玩。

一九五九年，八七水災後，大概在黃鴻隆兩歲七個月時，家人發現這個孩子出現異狀。

「這囝仔一直在發燒，該不會是生病了吧？」

「應該是在長牙吧。」

「如果燒還是不退，就得帶他去看醫生了。」

當時黃鴻隆正在學走路。當夥計把他抱到櫃台上，以為他會像往常一樣走路，黃鴻隆卻兩腳一軟，跌坐了下來。夥計再試了一次，孩子的雙腳彷彿被抽離了骨幹，柔軟無力，怎麼都站不起來。

「怎麼會這樣？孩子怎麼就不會站了？」夥計一臉驚恐。年幼的黃鴻隆天眞地望著對方，並不知道自己發生了什麼事……

三千多年前，有一位古埃及第十八王朝的石版畫師，在作品中描繪了一名手持長杖、右腿肌肉萎縮的男子。畫師的動機至今不詳，卻爲後人留下了歷史上最早的小兒麻痺病態可考證文獻。

從古代到現代，小兒麻痺病毒，或稱「脊髓灰白質炎病毒」，一直盤據在人類的歷史中。這是一種濾過性病毒，通常攻擊五歲以下幼兒的中樞神經運動神經元，造成肌肉萎縮、麻痺、癱瘓，甚至死亡。

一九五〇年至一九六〇年間，台灣曾有一波小兒麻痺大流行，每年大概有四百到七百名病例。當時的疫苗還不普及，加上可能一時身體虛弱，黃鴻隆不幸罹患了小兒麻痺，喪失走路的能力。

心急如焚的家人，帶著他尋訪名醫，希望還有一線轉機。然而，病毒造成無法磨滅的傷害，雙腿癱瘓已成不可逆的事實。

此時，家中又多了一名新成員，黃鴻隆的大妹出生。平時已忙於做生意的父母，實在無力兼顧兩個都需要細心呵護的孩子。家人經過討論後，做出了決定，把黃鴻隆送到桃

黃鴻隆（坐在車上者）就讀建國國小時，無礙身體狀況，還是與同學打成一片。

園，交給外祖父、外祖母照顧。

人生的桃花源

意外的一場疾病，讓黃鴻隆的成長環境，從彰化的布莊轉換成桃園的農舍。

布莊是做生意的地方，客人絡繹不絕，他們挑選布料，詢問價錢，夥計滿臉堆笑，熱情招呼。貨進貨出，人來人去。店裡總是充滿布料的氣息，和人們的聲音。

桃園的農舍，則是截然不同的世界。

「我在桃園住的三合院，右邊是豬寮，左邊是雞舍，稻埕前面有條小水溝，四周都是稻田。從廚房出去，有杜鵑花叢，經過古井，是一片竹子林，」黃鴻隆形容。阡陌交通，雞犬相聞，這小小的天地，便是他人生的桃花源。

鄉間生活單純而恬靜，黃鴻隆雖然雙腿不良於行，靠著兒童版的三輪車，還是能跟鄰居的孩子去田間抓鱔魚、青蛙。中午吃完飯，他陪著外祖父看歌仔戲，忠孝節義的戲碼，潛移默化著黃鴻隆的品格。外祖父只聽得懂台語，但對於電視上播放的平劇，卽使內容一知半解，也看得津津有味，黃鴻隆開始上學識字後，便會爲外祖父解說劇情。

在桃園，他的童年過得無憂無慮，是因爲外祖父、外祖母用完整而純粹的愛，守護著這個行動不便的孫子，就像是日本諺語所形容的「目に入れても痛くない」，愛到深處，卽使放進眼睛裡也不會痛。

從黃鴻隆來到桃園的那一天起，外祖父、外祖母便放下一切，此後一切的一切，只爲這個孩子而活。他們無微不至地照顧他，把最好的東西都留給他，時時刻刻擔心他是不是冷了、餓了、累了，連洗個臉，都是外祖母把毛巾擰乾了，才送到他手上。

黃鴻隆的大妹黃惠美還透露了一段往事：「某個颱風天，二哥寫作業時，橡皮擦用完了，阿公就冒著風雨，出門幫他買橡皮擦。」

外祖父跟他沒有血緣關係，卻發自內心愛著他。黃鴻隆行動不便，外祖父便充當孫子的步行器。早晨，熱心的外祖父幫忙打掃街道，揹著他；閒暇時，外祖父池畔釣魚，揹著他；酬神廟會時，外祖父去看野台戲，還是揹著他。

進入小學後，也是外祖父每天接送，還有送午餐，送他上補習班，卽使一天可能要跑個七、八趟，外祖父也甘之如飴。

「他們爲我打造了一個接近無塵室的成長環境，我有如養尊處優的少爺，從未因爲行動的障礙而感到困擾，」黃鴻隆說。

外祖父只讀到小學二年級，外祖母甚至完全不識字，他們的教育程度不高，卻以身教教會了黃鴻隆善良、樸實的價值，影響他的一生。

國小、國中、高中，黃鴻隆都是在桃園完成學業，直到後來去台中念東海大學，才告別這片桃花源，走出兩位長輩爲他撐起的保護傘。

永遠的背影

車站月台、朱紅色橘子、步伐蹣跚的父親……

黃鴻隆每次讀到朱自清的名作〈背影〉，心頭浮現的不是父親、母親，而是外祖父、外祖母。

畢竟，是兩位老人家全程陪伴，將他撫養長大。「我的一切，都是他們給我的，」黃鴻隆感念地說。

黃鴻隆三十三歲那一年，外祖母突然發現罹患肺癌，旋即撒手人寰。傷心欲絕的外祖父，不到六年也辭世。驟失最親愛的兩位長輩，深感「子欲養而親不待」，是黃鴻隆一生最大的憾事。

外祖父、外祖母終身未再生育，他們收養了一個女兒，也就是黃鴻隆的阿姨，後來生了個表弟，跟著外祖父的姓，算是繼承了香火。

就在黃鴻隆邁入六十六歲這一年，表弟因爲改信基督教，家中無法繼續供奉外祖父的牌位。家族成員討論未來該如何處理時，黃鴻隆心生一念，計劃在自宅設置一處佛堂，把兩位老人家的牌位迎回家中。

這是一件大事，黃鴻隆必須先找人看過風水才能動工，然而，他無比期待那一天的到來。希望每天早上，他起床後的第一件事，就是來到佛堂，點上一炷香，輕聲對兩位老人家說：「阿公、阿媽，我是鴻隆。我每一天努力當個正直、善良的人，希望沒有辜負您們的養育之恩……」

即使外祖父、外祖母已不在人間，但他們無條件的愛，仍然持續守護著黃鴻隆，永不消褪。

他們眼中的黃鴻隆

黃鴻川 黃鴻隆的哥哥

鴻隆一路走來十分不容易，身體疾病帶給他的痛苦，即使身爲家人的我們，也無法完全感同身受，只能在旁邊陪伴他。

他頭腦很好，很愛讀書也很會讀書，考大學時其實他的成績上得了台大，只不過礙於需要有家人就近照顧，只好選擇台中的學校就讀。不過他在專業領域上一直都表現得很好，不用人擔心，我也是從事金融財經領域的工作，他剛開業的時候，也曾經介紹客戶給他，大家都對他的專業服務十分讚賞，如今事務所知名度也滿高的，可見他的努力已經展現出不錯的成績。

鴻隆十分熱心公益，早期投入修法工作，如今推動家族傳承，盡其所長對社會奉獻，我們只能在旁邊默默支持他，有需要協助的地方也會盡力幫忙，因爲「家」永遠都是我們彼此最緊密的聯繫與交集。

第二章

在東海「修煉」的日子

黃鴻隆極度自信，且勇於挑戰權威，
來到校風自由的東海，
恰好提供心靈盡情奔馳的空間，
讓他留下了難忘的青春紀事。

有一個世界，可以讓黃鴻隆擺脫身障的不便，自由翱翔。在這個世界，他可以跨越高山與大海，穿梭在日月與星辰間；在這個世界，他可以聆聽古聖先賢的教誨，甚至與他們對話，體悟整個宇宙的深奧。

那就是書本的世界。不必起身，就能展開一段旅程。

從很小開始，黃鴻隆就熱愛閱讀。即使小時候家裡沒有什麼課外讀物，他捧讀教科書，也能看得津津有味。因此，他在學校的成績一向名列前茅。眾多科目中，他特別喜愛數學，著迷程度幾乎達到「研究」的境界。其他同學看到三角函數，只覺得無比頭疼，黃鴻隆卻兩眼發光，興奮不已，彷彿窺見獵物的獵人，認眞研讀，將心得寫滿好幾本筆記。

第一志願榜首

黃鴻隆就讀武陵高中時，導師是數學老師，對數學好的他青睞有加。兩人之間，一直保持著亦師亦友的關係。

高三下學期，隨著大學聯考步步進逼，黃鴻隆開始苦惱自己的未來該怎麼走。當年，身障人士常見的工作就是修理鐘錶、刻製印章，但他的企圖心當然不僅於此。

「我除了數學是強項，英文也不錯，因此我曾經考慮，未來當個英文或數學的補習班老師。不過，老師必須站在講台上工作，我難免擔心，坐輪椅的自己不適合，」黃鴻隆說。

在年輕的黃鴻隆面前，未來隱身在一片迷濛白霧中，看不出具體的形貌。直到聯考前夕，高中導師彷彿發現新大陸一般，興沖沖地跑來跟他說：「黃鴻隆，我家隔壁搬來一位會計師，我看他簽個字就能賺錢。你既然數學好，大學就去念會計系好了。」

會計師這一行，當然不是「簽個字就能賺錢」。不過，當時黃鴻隆也不知道自己大學該念什麼，於是他聽從老師的建議，決定以會計系爲目標。

選學校又是另一個考量。按照黃鴻隆的模擬考成績，考上北部的國立大學不成問題。但長期生活在外祖父、外祖母無微不至的照顧下，黃鴻隆不確定自己是否能離鄉背井，自力更生。家人一致認爲，他在中部念大學，方便就近照顧。中部的知名大學有東海和中興，然而中興的法商學院在台北，眼前只剩下唯一選擇。

「東海大學很好，人文薈萃，學風自由，」家人再三強調。

黃鴻隆在「接受」和「抗拒」兩條小徑前徘徊，直到不得不做出決定。塡入學志願卡時，黃鴻隆只塡了一個志願：東海大學會計系。

成績放榜，他的名字如願出現在東海會計系底下，而且還是當時第二屆的學生中最高分的錄取者。

從孤芳自賞，到融入團體

黃鴻隆跟東海大學的情分深厚。一九七七年以來，他以不同的身分進出校園：先是會計系學生，然後是校友，後來成爲EMBA學員，現在他爲EMBA企業二代組授課。

歲月讓當年的青澀學子增添了白髮和智慧，也改變了校園的面貌——高層的建築物增加了；曾經一望無際的草原，面積減少了；文理大道旁，曾經是全台首座開架制度的圖書

母校東海大學縱容我思緒飛揚、奠基我生活美學、豐厚我生命廣度、圓融我處事態度。

館，現在是行政中心，前方的水池也塡平爲草坪；黃鴻隆當年就讀的商學院系館，如今則成了電機系所在。

慶幸的是，系館雖然搬家，原本的建築物仍保存下來，古樸的雙層房舍，鋪著棕黑色屋瓦，庭院綠蔭匝地。他曾經住過的六人一間宿舍，至今仍有學生入住，當年從窗口可以看到的大榕樹也還在，枝葉茂密，樹身掛滿了氣根鬚。

在這個校園裡，黃鴻隆揮灑了四年的青春歲月。

雖然他是以第一志願考進東海會計系，其實內心還是有點不情願：「我的分數明明可以念北部的大學……」

因此一開始，他看老師不順眼，也覺得同學的程度跟不上自己。他自負、驕傲、目空一切。每當同學、室友聊得興高采烈，他就一桶冷水潑過去，場面頓時變得尷尬，大家也漸漸對他敬而遠之。

黃鴻隆很快就因爲自己的行事風格吃到了苦頭。東海位於大度山山麓，校園廣闊，階梯又多，對於身障者頗具挑戰。從教室到寢室，從上課到生活，他都需要旁人伸出援手，如果人緣不好，吃虧的是他自己。

大一開學後，經過了幾個月的鬱鬱寡歡，黃鴻隆意識到一件事：「如果我要在這裡生存下去，就必須改變自己。」

同寢室中，有一位會計系的同學，也是小兒痲痺患者，病況比較輕，平時可以用拐杖走路。黃鴻隆觀察，這位同學說話幽默，他出現的地方總是笑聲不斷，其他同學都很喜歡跟他互動。

黃鴻隆嘗試透過模仿這位同學來改變自己。他放低姿態，收起稜角，用風趣取代尖刻，從北風變成太陽。同學開始走近黃鴻隆，跟他當朋友，他也敞開心胸，融入團體，跟大家一起露營、烤肉，從此在校園中如魚得水。

虎口拔牙的先生

東海大學建於山中，有著台灣私立大學中面積最大的校地。早年交通不如現在便利，多數老師都住在校內的平房式宿舍中。師生一起在山中上課、生活，朝夕共處，遠離世囂。「在東海大學念書，像是置身山中『修煉』，」黃鴻隆形容。

在基督教立校的背景下，東海大學有著西方自由、開放的校園氛圍。校方推動的「通識教育」、「勞作教育」，以及「圖書館開架式陳列」，都是全台首創。在這個學術殿堂

黃鴻隆大學時期勇於挑戰權威，但師長對他的印象卻不錯。

中，老師並非高高在上，他們願意聆聽學生的心聲，甚至接受質疑，一切只為了探索眞理。

黃鴻隆曾經為了一次微積分的考試成績，跟助教在課堂上爭辯。助教認為他某一題答錯，扣了分數。數學一向很好的黃鴻隆不服氣，拿起粉筆在黑板上展示他如何解題。助教後來更正了分數，給他一百分。

年輕氣盛的黃鴻隆還這麼說：「我要的不是分數，而是眞理。」

他自認有點反骨性格，遇到看不慣的事情就會指出來。曾經有兩位老師習慣性遲到，而且只要下課鈴一響，不管內容講到哪裡，立刻中斷，下課走人。黃鴻隆很不以為然，認為當老師不該這麼不負責任，於是他就去找當時的商學院院長鮑爾一申訴。由於查明屬實，這兩位老師下學期便不再獲聘。

在同學眼中，黃鴻隆有點臭屁，又頗有正義感，且勇於挑戰權威，於是給了他一個封號：「虎口拔牙的先生」。「東海校風自由，願意包容我這樣離經叛道的學生，並提供很大的發展空間，」黃鴻隆坦言。

雖然他不是乖乖牌，師長們對他的印象卻不錯。待人溫和客氣的

在大學時期，黃鴻隆學習獨立生活，也與師長及同學建立起深厚情誼。❶是東海大學前校長梅可望（後）十分照顧黃鴻隆，也是他非常景仰的學者。❷是大學畢業典禮，黃鴻隆穿著義肢參加，右是同學劉淑貞。❸是黃鴻隆跟同學一起前往蘭嶼參加畢業旅行。

周心豪老師，以及給分嚴格、不接受學生求情的葉梓老師，還有會計界泰斗鮑爾一老師，在黃鴻隆畢業後，仍延續著師生情誼。

除了自由的學術風氣，東海校園的「大度山能量」也滋養著黃鴻隆年輕的心靈。在農村長大的他，置身在山林和草原間，特別有親切感。那是一九七〇年代，附近還沒有什麼工業區，放眼眺望，天高地寬。傍晚時分，陽光沒那麼刺眼後，黃鴻隆經常會帶幾本書，來到牧場閱讀、沉思。

夕陽餘暉染紅了他的臉，清涼晚風偷翻他的書頁，很多奇思妙想在腦海中悄悄浮現。因為懷有這份感性，日後黃鴻隆在繁重的會計工作之餘，仍保持著對文學、藝術的喜愛。

初嘗洗衣樂趣，學習獨立生活

過去黃鴻隆生活在外祖父、外祖母的百般呵護中，連洗個臉都有人幫忙擰毛巾，更別說自己洗衣服。剛進東海，父親擔心他無法洗衣服，主動提議：「衣服不必洗，每個星期我來學校，把你的衣服拿回家洗。」

一開始，黃鴻隆認為可行，便把穿過的衣物都收在塑膠袋，等父親來帶回去。但放了一星期的待洗衣物，不但散發出異味，還引來小蚊蟲，室友們紛紛露出異樣的表情。

「這樣下去，可不行啊！」黃鴻隆暗自想道。

第一個星期過去了，黃鴻隆決定學習自己洗衣服。他觀察同為小兒麻痺患者的室友如何洗衣服，效法對方的做法。他買了臉盆、洗衣板、洗衣粉，推著輪椅，將穿過的衣服和洗衣工具帶進浴室。裝了半臉盆的水，倒進洗衣粉，用手攪動後，盆中開始出現肥皂泡泡。他把衣服浸泡在泡泡中，然後拿起來搓揉，再用水沖洗。一件洗完，再洗一件。

洗衣初體驗後，黃鴻隆的心得是：「其實自己洗衣服，還滿有樂趣的！」一個全新的世界向他展開。

東海大學原本是師生全體住校，隨著學生人數日漸增加，校內的宿舍數量供不應求，因此男學生升上大三後，通常得搬出校園，另覓住處。

學校附近有一片名為「東海別墅」的社區，由於學生外宿需求大，很多房主將房間出租。大三的黃鴻隆，也住進了東海別墅的單人房。

之前住在校內的六人宿舍，生活起居有人彼此照應，睡過頭時，還有人會叫醒他，不至於錯過上課時間；而住進東海別墅，代表黃鴻隆必須獨立生活了。

經過大一、大二的團體生活，黃鴻隆養成了基本的生活技能。升上大三後，他也慢慢適應，比較大的考驗，大概就是生活必須規律，避免因為日夜顛倒而作息大亂。

黃鴻隆從原本是個飯來伸手、茶來張口的少爺，生活能力值趨近零，到大學畢業後，可以獨自在台北工作、生活，東海大學四年的洗禮，功不可沒。除了知識上的學習，他在這所學校更重要的收穫，就是學會了如何自理。

青春歲月的美麗插曲

大學時代的黃鴻隆，一方面桀驁不馴，另一方面又感性浪漫。他眼神明亮，堅定有力，同學會對他說：「黃鴻隆，你的眼睛會勾人。」

有名女孩，是他的同學，當過班代，很有個性和想法，還寫得一手好文章。兩人都有點反骨性格，而且對文學、歷史、哲學同感興趣，很有話聊，因此愈走愈近。

畢業後，黃鴻隆每天會寫信給女孩，傾訴對她的思念，他們持續往來。黃鴻隆在台北短暫工作了一年多，便回到彰化設立事務所。創業之初，百廢待舉，和女孩在台北見面，便成爲他短暫逃離工作壓力的出口。

黃鴻隆通常在傍晚，搭乘統聯客運到台北。兩人見面的地點，多半選在仁愛路圓環附近、知識份子聚集的元穠茶藝館（首任民進黨主席，是一九八六年在台北市仁愛路大圓環旁的「老爺大廈」二樓「元穠茶藝館」內票選產生的，當時的茶藝館老闆是曾任雲林縣縣長的現任立委蘇治芬），展開黃鴻隆口中「星空下的對話」。深夜，他抱著依依不捨的心情，趕搭最後一班回彰化的客運，抵達彰化交流道時已是凌晨四點。然後他再搭計程車回家，梳洗一番，正好準備上班。

母親看到他，還問起：「你昨天不是上台北了嗎？」「是啊，我回來了！」黃鴻隆笑道。雖是一夜未眠，黃鴻隆卻神清氣爽，充滿能量。

從大學時代就相識的兩人，對彼此都很熟悉。見面時，話不必多說，對方一個眼神，就能心領神會。「跟男性知己之間，可能用打打鬧鬧來表達默契，而紅粉知己帶來的，則是一種溫柔的慰藉，可以化解人心中的煩憂，」黃鴻隆說。

對方本來就是可以獨當一面的女性，她在職場表現出色，於金融界擔任高階幹部，後來還派駐香港，而黃鴻隆一直待在彰化打拚。距離，終究讓兩人漸行漸遠。

黃鴻隆喜歡看金庸的武俠小說，他認為，自己的性格跟金庸筆下的令狐沖有幾分相似。令狐沖豪邁灑脫，活得自由自在。黃鴻隆自認也是個豁達的人，年輕時遇過得以心靈交流的女性知己，即使後來沒有結果，他仍視為青春歲月中一段美麗的插曲。

邁出人生第一步

大學畢業前夕，黃鴻隆為自己設下一項目標：他要自己走進畢業典禮。

黃鴻隆（左二）以父親爲他改裝的三輪摩托車代步，在東海校園裡行動自如，並融入團體，生活如魚得水。

小兒麻痺患者由於雙腿無力，若要靠自己走路，必須先穿上輔助行走的「義肢」（支架和鐵鞋），再拿拐杖做支撐。支架、鐵鞋的重量不輕，而且穿起來並不舒服，患者通常要經過一段時間的適應和練習，才能得心應手。

黃鴻隆在七、八歲時，曾經在桃園家裡的晒穀場，穿上支架、鐵鞋，試著藉由拐杖站起來。當時他抓不住重心，整個人搖搖晃晃。頂上烈日正熾，整個晒穀場閃著刺眼的陽光，他身上卻冷汗直流。

黃鴻隆開始覺得暈眩，接著就失去了意識。當他醒來時，外祖父已經把他抱進屋裡。原來，他在練習走路時昏倒在地，嘴唇還發黑，嚇壞兩位老人家。

「鴻隆，穿義肢這麼艱苦，以後就不要再穿了，」外祖父語中滿是心疼。

因此，在桃園生活的歲月中，黃鴻隆平時有外祖父當他的代步器，小時候坐三輪車，沒能走路，並不是個問題。

進入東海後，大一他坐輪椅，之後父親請人把他的日本原裝YAMAHA摩托車，改裝爲三輪摩托車，後面吊著折疊的輪椅，在校園

黃鴻隆的好友周裕仁（右二）熱心地背著他參加旅遊行程，當時的黃鴻隆還未曾想過要靠著拐杖走路。

裡橫衝直撞、行動自如。摩托車不能上階梯、進教室，上課前，會有熱心的壯丁同學，四人扛著輪椅，上樓、進教室、到座位上，下課後再用同樣的方式回到摩托車上。四年來，他沒有想過要拿拐杖走路。

大四下學期末，想到未來要開始工作，總得獨立行動。課程結束後，距離畢業典禮還有一段時間，他就在家裡嘗試拿拐杖走路。成人才開始練習，並沒有比較輕鬆，義肢穿起來依然沉重，拐杖反覆摩擦著腋下的皮膚，也十分不舒服，甚至一度流出血來。

但是黃鴻隆知道自己無法再拖下去，他必須學會這種移動方式。

經過近兩個月的練習，他最後是撐著拐杖出席畢業典禮，「當時只能勉強站起來，還談不上走路。」

畢業後，為了準備會計師執照考試，黃鴻隆在桃園老家住了一年。這段時間他勤加練習，終於如願借助拐杖走路。

獨立行走，是黃鴻隆人生重要的里程碑，也是分水嶺。從這一天開始，通向未來的路在他腳下展開。這不是一條好走的路，但他已經迫不及待邁出步伐。

他們眼中的黃鴻隆

姜華鈞 海外華人第九屆「創業青年楷模」、東海大學第七屆傑出校友

我跟黃鴻隆會計師是東海大學同屆校友，他念會計系，我念國貿系，因爲共同修「大一英文」而結緣。記得當時，都是他系上同學輪流揹他進教室，展現了深厚的同學愛，讓我印象深刻。

黃會計師行動不便，一定得比別人更努力，才能出人頭地。後來我赴美發展三十年，返台後，因緣際會跟他重新取得聯繫，才知道他不但考取會計師，開了會計師事務所，爲很多企業服務，並且從事許多公益活動。

黃會計師送我一本關於他生平的書，我從頭到尾讀完，才更了解他畢業後的各種經歷。包括到台北求職時飽嘗閉門羹，努力不懈才獲得第一份工作機會；或是他回到故鄉彰化奮鬥，跨足會計、法律，卽使已經事業有成，仍然持續學習、成長，令人十分欽佩。

當年的慘綠少年，如今都已白頭。不過，每一次看到黃會計師，總覺得他愈忙，就變得愈年輕，似乎擁有用不完的精力。相信他的奮鬥故事，會爲很多人帶來鼓舞。

第三章

二十六歲就考上會計師

黃鴻隆大學畢業後回桃園閉關一年，
順利考取會計師執照；
同時利用時間練習拄著拐杖走路，
迫不及待展開另一個階段的人生。

像黃鴻隆這樣的會計系學生，畢業後，基本上有三條路可以選擇：

一、透過高考，進入公家機關，從事主計工作。

二、進入企業界，負責會計帳務。

三、加入會計師事務所，日後成為合夥人，或是自行執業。

黃鴻隆不想當公務員，對於幫企業管帳興趣也不大。當個會計師，可以到各企業查帳，似乎比較符合他追求自由的天性。如果要走第三條路，他勢必得取得會計師執照。

早年台灣企業數目不多，會

計師的需求少，考試錄取率低，合格名額曾出現過個位數。隨著時代的演進，企業蓬勃發展，會計師錄取率提升不少，現在每年約有三、四百人成爲合格會計師。

會計師考試除了共同科目國文，還要考七個專業科目，每科都必須六十分及格。二〇〇一年之後，考試制度調整爲「科別及格制」，每一科及格後，成績可保留三年。因此，如果成績不盡理想，隔年重考時，已及格科目不必再考，考生只需應試之前不及格的科目。

黃鴻隆是一九八〇年代參加會計師考試，當年的考試規則相當嚴格，只要一科不及格，隔年就必須全部重來。雖然仍有一次就上榜的高手，很多人還是挑戰了多年才考上。

全力衝刺會計師考試

大學畢業前夕，黃鴻隆對於未來還沒有具體的規劃。他報考了兩所會計研究所，也參加了會計師考試，都因沒有充足的準備就上陣，而以落榜收場。

畢業後，黃鴻隆回到桃園老家，全心準備會計師考試。當年還沒有相關的補習班，他只能在家苦讀，埋首書本自力更生。

有了第一次的經驗，黃鴻隆這次在準備時就比較有策略。他把考試科目區分爲論述類及計算類，分別找出應對之道。比方說，論述類題目需要引用法條，他就整理出引用最廣

我不是不能飛翔，而是翅膀被綁起來了；不是不能動，而是沒有機會讓我動。

泛的法條，反覆背誦，牢記在心；計算類題目則針對自己較不熟悉的題型，一再演練，到能直覺反應爲止。

不論哪一類科目，黃鴻隆的目標是上考場時，一看到題目，即可如同本能般，迅速進入應答模式。當然，這代表他必須將自己的記憶和計算能力提升至滾瓜爛熟，「連上廁所時，腦子裡都想著法條。」

有時候，書念煩了，黃鴻隆就騎著三輪摩托車出門。他最喜歡來到一望無際的稻田間，讓視野無限展開，綠意盡收眼底，心情也爲之舒坦。

隔年再上考場，黃鴻隆已做好充足的準備。幸運的是，那一年會計師考試的合格名額大幅增加到一百二十幾名。實力加上運氣，黃鴻隆第二次就通過了會計師考試，是當時東海會計系第一位考取會計師執照的畢業生。

現代網路發達，查榜只是彈指之間的事，然而當年，黃鴻隆必須先從桃園搭車到台北的希爾頓飯店，再換乘指南客運，到木柵的公務員訓練中心看榜。當自己的名字映入眼廉，他興奮不已，撐著拐杖走來走來，口中唸唸有詞：「我考上了！我考上了！」回程就包了一輛計程車回桃園。

因爲過去會計師執照眞的不好考，欣喜雀躍之餘，黃鴻隆難免自我懷疑，榜單上的人眞的是自己嗎？會不會是同名同姓？直至收到成績單，他才相信自己眞的考上了。

人生如棋，落子無悔

黃鴻隆熱愛研究。高中時期，他研究三角函數。在桃園準備考試這一年，他對圍棋也產生了研究的興趣。

黃鴻隆去書店購買圍棋相關書籍，在家細細研讀。即使生活中，他沒有下棋的對手，仍能研究得津津有味。

他發現，黑子白子的世界，十分迷人。圍棋不是只有吃子，愈研究愈發現，更多時候是「圈地盤」的策略，比誰圈的範圍大。所謂「千古無同局」，小小一張棋盤，可以上演千變萬化的棋局，沒有一盤棋是一模一樣的。

「研究圍棋，可以幫助邏輯思考，」黃鴻隆說，「因爲下棋需要縝密的思維，比如說你在下每一子之前，都要預想對方會如何回應，如此一來，就養成通盤思考的習慣。」

他解釋，棋盤上有「大場」，即拓展地盤的戰略要點，也有「急所」，是有危險或需要立即處理的位置。每一步棋，應先考慮是要搶占「大場」，還是挽救「急所」？棋局中，如何獲得最大利益？如果對手的反應跟自己預想不同，又該如何決定下一步棋的落點？

黃鴻隆從圍棋攻防中，學到了攻彼顧我（先把自己顧好再說）、逢危則棄（不要死抱著危險不放）、勢孤取和（要沉得住氣）等策略。下棋時，不得貪勝，必須辨明情勢，對於捨與得、小與大，要有長遠的眼光。

每一局棋，棋手都可能有順風或逆風的時刻。順風時要保持優勢，逆風時要尋找逆轉勝的契機。研究圍棋，教會了黃鴻隆如何面對人生的起落，隨時通盤考量，知所進退，不受一時得失的影響。

「人生如棋，落子無悔，」黃鴻隆說，棋子一落，就再也不可以拿起來。人生也是一樣，有些事不可能再回頭，既然做了決定，就努力朝目標前進。

就像黃鴻隆決定要成爲一個不平凡的人，這條路上，既使遭遇重重難關，他也勇敢前行，絕不回頭。

撐拐杖走路，人生更自由

回桃園這一年，黃鴻隆除了準備考試，也勤於練習撐拐杖走路，在行動上獲得了更多自由。

他喜歡閱讀，逛書店自然就成了一大樂事。大學之前，要進書店，都是外祖父揹著他進去；上了大學後，雖然有三輪摩托車，仍需同學陪同，才能跨進書店的門檻。

進了書店後，黃鴻隆因爲顧慮作陪者，停留時間有限，看書總不能盡興。學會撐著拐杖獨立行走之後，書店才算眞正對他敞開大門。

黃鴻隆回憶：「那次我走進書店，沿著滿牆的書櫃，一步一步走到最裡面，倚著牆壁，盡情徜徉書海，想看多久就看多久。那一刻，我突然覺得，人生竟然可以這麼幸福。」

他的另一個嗜好是看電影。

就跟逛書店一樣，黃鴻隆也需要外祖父或同學揹他進場。當時很多戲院不清場，買一張票就可以「看到飽」。有時候進場晚了，開場幾分鐘沒看到，黃鴻隆想再留一場，補看錯過的部分。這麼一來，外祖父或同學，就得陪著他再看一場。

黃鴻隆知道，如果自己提出要求，他們都會答應，但是要開這個口，他又有心理壓力。明明只是看個電影，他還得思前顧後，很不痛快。

黃鴻隆獨自進場的第一部電影，是《法櫃奇兵》。那天，他先騎著三輪摩托車到桃園市區，下車後，拄著拐杖，一拐一拐前去買票。然後，生平第一次，在沒有他人的陪伴下，踏入那個黯黑的魔法空間。解脫了情感上的羈絆，初次享受獨立行動的自在不拘，讓黃鴻隆不禁熱淚盈眶。

由於他的個子比較矮小，撐著拐杖正好可以站在最後一排看電影，跟著考古學家印第安納・瓊斯，從尼泊爾到開羅，進行刺激的尋寶和冒險。一場看完，再看一場，眞是暢快極了。

一個人逛書店、看電影，許多人生活中再簡單不過的事，卻爲黃鴻隆帶來很大的感動。在拐杖的輔助下，他可以不必依賴他人，盡情享受生命。

不過，更大的挑戰隨之而來。將在台北展開職涯的他，不再有外祖父或同學的幫助，如果遇到任何困境，都得靠自己克服。

他們眼中的黃鴻隆

李書行 東海大學管理學院院長

黃會計師是個不平凡的人，有著不平凡的人生。

首先是他的求學階段。進入會計系就讀，並不容易，想必學業成績一定很出色。當年要通過會計師考試，更不容易，很多人都是一考再考。黃會計師第二次就上榜，成爲全國最年輕的會計師，實力非常堅強。

其次是他的執業階段。他在故鄉彰化開會計師事務所，經營得非常好，而且行俠仗義，幫忙許多企業打行政訴訟。

現階段黃會計師投入企業傳承。他出書，跟信託公會合作，舉辦多場研討會，幫助企業邁向永續基業之路。

黃會計師深具人文素養、邏輯思考清楚、樂觀進取。他熱愛生命的程度，連我都自嘆不如。他的人生活得如此精采，值得年輕世代做爲榜樣。

第四章

台北奮鬥記

黃鴻隆在台北求職不順，
吃了四十多家事務所的閉門羹。
但他沒有被挫折打倒，展現高度企圖心，
終於獲得伯樂賞識。

黃鴻隆在台北的第一個落腳處，是朋友位於寧夏街的住處，那裡住著三、四個找工作的年輕人。每當電話鈴聲響起，所有人都豎起耳朵，暗自期盼是通知自己前去面試的來電。

那是個還沒有人力銀行網站的時代。找工作時，就是寄出大批履歷，然後靜待面試的通知。當時也沒有手機，公司都是打聯絡地址的電話，如果打幾次都未能取得聯繫，可能就放棄了。因此，大家在講電話時都盡量長話短說，避免因爲占線，影響別人的面試機會。

黃鴻隆想進會計師事務所，

首選自然是當時的大型事務所。他是科班出身，年紀輕輕就已經證照在手，拿到面試的入場券不難，然而，當面試官看到拄著拐杖前來的他以後，還是決定不予錄用。

受限於刻板印象

黃鴻隆可以想像這些事務所的各種顧慮。首先，當年的公共空間對身障者並不友善，事務所為了體面，辦公室地板往往經過打蠟，這可苦了撐拐杖的黃鴻隆。他曾經一個重心不穩，整個人跌一大跤，從此走路都得提心吊膽，甚至得扶著牆壁走。如果雇用了黃鴻隆，事務所還必須保障他的安全。

其次，出於刻板印象，也有面試官擔心，像黃鴻隆這樣的身障者，可能因性格特異，不善交際，影響內部氣氛。由於會計師要到客戶的公司查帳，有些事務所也擔心，如果派出一個撐著拐杖的會計師，會不會引發客戶負面的聯想？

身處還沒有《身心障礙者權益保障法》的時代，黃鴻隆的台北求職路走得十分坎坷，不僅被「三大」（當時的勤業、資誠、安侯）拒絕，嘗試向其他會計師事務所叩門也連連碰壁。在台北兜兜轉轉了一個月，黃鴻隆面試了四十幾家事務所，始終沒能找到工作。

父親只給黃鴻隆一個月的時間，如果在台北找工作沒著落，就得回彰化執業。眼看著一個月的期限就要到了，他不由得著急起來。

失望又疑惑的他，打算寫一封信給當時的行政院院長，「我認爲這個社會是溫馨的，我也願意付出自己的一切努力，但是找工作還是遇到了困難，希望院長能提供協助。」信還沒寄出，事情便出現了轉機。

工作機會來了

有時候，人生就是這麼戲劇化。

父親給的一個月期限過去了，黃鴻隆仍沒在台北找到工作。那天，父親跟他在桃園老家碰面，他想要再爭取一點時間，但是父親不同意，就在不得不打包跟著父親回彰化之際，突然接到電話，對方說：「黃鴻隆，趕快在台北租個房子，你可以來上班了。」

錄用他的是中原會計師事務所，規模不大，成員約四、五個人。因爲是第一份工作，黃鴻隆工作十分賣力，每天工作到深夜，偶爾還要應酬，然後拖著疲憊的身體，回到他在國父紀念館附近的租屋處。

他住的地方是個地下室，空間不大，只能放幾件簡單的家具。回到家後，他卸下義肢，趕緊洗個澡便上床就寢。那時，黃鴻隆身上沒什麼錢，連買鬧鐘的預算都要省，所幸他有「內建鬧鐘」，早上七點準時醒來，到房東開的豆漿店吃個早餐，就上班去了。

剛開始上班時，不少客戶對於這位拄著拐杖的查帳員感到好奇。有時候，黃鴻隆負責查帳的企業主還會找他談話。他實務經驗不足，往往只能臨場發揮。有一次，對方聽他講完後，向他透露：「你說的跟你老闆講的是一樣的。」黃鴻隆恍然大悟，原來客戶是想測試他有多少本事。

除了第一個月有領到薪水，接下來兩個月，事務所都沒發薪水，黃鴻隆開始猶豫該不該留下來。「這位會計師給了我一個機會，我內心希望能繼續堅持，但是沒領到薪水，真的很難在台北生活下去，」黃鴻隆回憶起當時的天人交戰。

曾經有同事早上對他說：「我們一起撐下去！」下午就告訴他，自己已經找到新工作了。眼看陸續有人離職，加上自己得有收入才能支付房租，黃鴻隆最後也決定離開。

提攜的貴人

接下來，又回到找工作的修羅場。黃鴻隆去大華聯合會計師事務所面試，負責人看到他撐著拐杖前來，原本不想用他，但是事務所的另一位主管卻給了黃鴻隆很高的評價，他也因此得到了第二份工作的機會。

吳叔（左二）可說是黃鴻隆奮鬥人生中的職場導師，不僅讓他獲得第二份工作，也給予他許多啟發。

黃鴻隆稱爲「吳叔」的這位主管，是事務所負責人的結拜兄弟，同樣都是隨著國民黨政府來台灣的流亡學生。吳叔見他手提著〇〇七手提箱進來，行動雖不方便，但是講話沉穩，雙眼炯炯有神，展露了強烈的企圖心，當下便決定：「我要拉這個年輕人一把。」

在大華工作的這段期間，黃鴻隆過得十分愉快。首先是事務所給付的加班費很高，因此他很樂意配合加班，一個月形同領兩份薪水。其次，在事務所與吳叔共事，給了黃鴻隆很多啟發，「吳叔做事認眞負責，沒有主管的架子，每天都工作得很晚，而晚餐總是兩個包子，一鹹一甜。」

黃鴻隆就讀高中時，學校有很多老師就是流亡學生。在他們身上，黃鴻隆看到一種歷經山河變色、流離失所的深沉氣質。吳叔不僅有相同的氣質，他做事的風範，對後輩的提攜，更向黃鴻隆展示了中國傳統文化中「士」的美好品格。

他自三月份開始到大華上班，七月時，吳叔告訴黃鴻隆，台中有份工作在找他，所以他要離開了。吳叔是黃鴻隆留在大華的原因之一，吳叔的去向，自然也影響了黃鴻隆。他本來想跟著走，考慮到事務所負責人有個罹患脆骨症（骨骼脆弱，容易骨折）的兒子，爲家裡的事已經夠操心了，事務所一下子走兩個人，可能應付不來，便暫時留了下來。

不過，負責人過分溺愛這個兒子，引來不少財務糾紛，影響了事務所的營運。黃鴻隆認爲此處不宜久待，於是，他在台北的第二份工作，就這樣畫下了句點。

男人中的男人

每個人都是獨一無二的，欣賞自己的特點，勇於展現，旁人眼中的你，便閃閃發亮。

黃鴻隆雖然行動不便，但是他積極、自信、堅毅，周遭的人往往向他投以欽佩、讚賞的目光，還有人形容他是「男人中的男人」。

他的第三份工作，是在永立聯合會計師事務所。面試時，老闆會問他一個問題：「黃會計師，你知道我在想什麼嗎？」黃鴻隆搖搖頭。老闆接著說：「我在想，如果我是你，我能夠做到這樣嗎？」

這句話給了黃鴻隆很大的鼓勵，他知道，對方看見的，不是他身體的缺陷，而是他能活出生命的意義。不論是吳叔，還是第三任老闆，都是賞識他的伯樂。

黃鴻隆因此獲得工作機會。只是老闆希望他離開前一份工作後，間隔一個月再上班，避免被誤會爲挖角。跟前兩份工作不一樣的是，黃鴻隆的新職務不再是查稅員，而是負責法務的工作。

他接下新工作沒多久，一心希望兒子返鄉執業的父親，向一家代理記帳業者買了七、八十個客戶，處理帳目的任務就落在了黃鴻隆身上。於是，他週一到週五做台北事務所的工作，週五搭夜車趕回彰化，週六處理那些客戶的帳，忙完週日再上台北。

那段時間，黃鴻隆等於一個人做兩份工作，而且每週一、三要加班，週二、四又去補英文，幾乎沒有休息時間，眞的是蠟燭兩頭燒，三個多月下來，記憶力大幅衰退。

黃鴻隆心想，這樣下去不是辦法，於是他找了兩位大學同學，陪他回彰化看一看。但他們評估狀況後，一致建議他：「魚與熊掌不能兼得，你只有兩條路可走，一是辭掉台北的工作，二是結束彰化的業務。」

看似有兩條路，其實黃鴻隆只有一個選擇。他不可能將彰化的客戶棄之不顧。最終，他只能向賞識他的老闆說抱歉，他的台北奮鬥記也到此落幕。

爲他人締造快樂

當黃鴻隆還在桃園準備會計師考試期間，有一次，他上台北參加同學的聚會。原想搭公車前往聚會所在的大直，只見公車一班接著一班，從黃鴻隆眼前經過，他卻一直沒上車。原來，考量公車的門檻很高，黃鴻隆想選搭一班乘客較少的車，讓他得以慢慢上車，避免影響到別人。

等來等去，每班公車的乘客都不少，黃鴻隆只好持續等待。直到來了一班車，司機瞥見他拄著拐杖的身影，不只停下車，更離座站了起來，主動問黃鴻隆要不要上車。

「沒關係，我拉你一把，」司機說。

同時，車上又跑下來一名年輕人，自告奮勇抱他上車。於是，司機拉著黃鴻隆的手，年輕人抱著他的腳，順利協助他上車。當下，黃鴻隆忍不住落淚。

過去，黃鴻隆盡量避免向他人求助，除了不想打擾他人，也擔心一旦開口，若是遭到拒絕，他會難以自處。然而，他漸漸發現，多數人都樂於伸出援手，每當他發出求助信號，幾乎沒有人拒絕他。

「當我開口：『能不能幫我一把？』我看見每個人都很樂意，」黃鴻隆說，「這句話雖然是在拜託別人幫忙，但是，當你看見對方充滿喜悅的表情，你就會明白，原來自己同時為他人創造了快樂。」

雖然黃鴻隆在台北奮鬥的時間只有一年多，但這座城市仍為他留下許多溫暖的回憶。

他在台北一開始是住地下室，房間到浴室之間，存在一點高度差，他住起來並不方便。後來搬到莊敬路上的雅房，房東是位眷村太太，很照顧隻身北上打拚的黃鴻隆，曾經對他說：「你就把我當成是在台北的媽媽吧。」

黃鴻隆遭第一任老闆欠薪兩個月，房東太太義憤填膺，差一點就要跑到事務所去幫他討薪水。她看黃鴻隆工作操勞，有時候甚至整整兩天沒回家，一回家累得連義肢都沒力氣脫，倒頭就睡，還會煮牛肉麵慰勞他。

黃鴻隆在台北時，很喜歡光顧賣「客飯」的餐廳。這是早年台灣的一種餐飲服務型態，客人只要點一道菜，白飯、湯、茶就可免費取用，對於荷包不厚的學生和年輕上班族，是一大福音。

他會到賣客飯的餐廳，點一道開陽白菜，然後白飯吃到飽，比吃便當要來得痛快。如今，台北已經很難找到類似的客飯餐廳了，然而，洋溢著菜飯香的人情味，始終珍藏在黃鴻隆的記憶中。

大華聯合會計師事務所旁有家飯館，一位貴婦型的老闆娘，非常讚賞黃鴻隆這個年輕小夥子的堅毅，除了不時稱他是「男人中的男人」外，還會特地請她的香港廚師清蒸「總統魚」（「曲腰魚」因腹部略帶彎曲而得名，是日月潭裡最著名的魚種，肉質細嫩，美味可口，曾贏得先總統蔣中正的喜愛，因此而有「總統魚」的稱號），免費招待黃鴻隆吃。

他們眼中的黃鴻隆

蘇迺惠 中興大學會計系副教授

在我們的成長年代，電影《汪洋中的一條船》非常有名，主角鄭豐喜是名身障人士，殘而不廢的故事，打動許多人。

在還沒有正式見到黃會計師之前，我對他一直非常敬仰。他撐著拐杖，打下一片江山的故事，就像是會計師界版的《汪洋中的一條船》。

曾經擔任監察委員的馬秀如教授是我的恩師，因爲要代她轉送一份端午節禮物，而與黃會計師結緣。黃會計師克服身體的障礙，不僅專業成就斐然，備受推崇，對社會也有很多貢獻，非常值得我們效法學習。

第二部

突破限制，
創造事業高峰

第五章

返鄉執業，扎根彰化

在父親的安排下，
彰化成爲黃鴻隆發展事業的沃土。
他在這裡扎根、茁壯，
也寫下精采的人生篇章。

黃鴻隆的名字有個「鴻」字，而他心中，也住著一隻大鵬。他對自己的期許很高，也擁有很強烈的企圖心。

美國政治家迪恩．阿爾凡吉（Dean Alfange）寫過一篇勵志短文，文中有句話：「I prefer the challenge of life to the guaranteed existence.（與其過得安穩，我更願意接受生命的挑戰。）」學生時代的黃鴻隆讀到這句話，深受啟發，從此成爲他的座右銘。他不甘於平凡，轟轟烈烈才是他期望的人生。

雖說當初上台北找工作並不順利，面試了四十幾家事務所、換了兩份工作後，好不容易遇到賞識他的伯樂，只要他好好打拚，假以時日，一定能在台北的會計界占有一席之地。

然而，在父親的安排下，黃鴻隆不得不離開台北，返回彰化執業。當時的他，心情很複雜。

一方面，失去了在台北出頭天的機會，黃鴻隆心有不甘；另一方面，彰化雖是他的故鄉，但桃園才是他真正長大的地方。他對彰化並不是很熟悉，還需要更多時間去了解這塊土地。總之，即使不情願，當黃鴻隆將辭呈遞給第三任老闆時，就已經做出決定，再也無法回頭了。

白手起家，創業維艱

一九八五年年初，黃鴻隆結束在台北的工作。然而由於在台北的工作資歷只有一年兩個月，尚未達到事務所開張門檻，所以延至一九八五年年底，「黃鴻隆會計師事務所」才正式開張。

開張那天，梅可望校長、周心豪主任、李秀英老師等東海大學的師長親臨鼓勵，一票大學同學、親朋好友（包括外祖父與武陵高中老師）也到場祝福，現場擺滿了「開幕誌慶」

黃鴻隆人緣極佳，即使在自己不熟悉的彰化開業，仍然有許多賓客到場致賀。❶為外祖父（後排中）與高中數學導師盧澄根夫婦（右一及二）、歷史老師呂福三（已故）夫婦（左二及一）均南下致賀。❷則是東海大學李秀英老師（左）、前校長梅可望（中），以及前商業司司長袁坤祥（右）。

的花籃，黃鴻隆的好人緣可見一斑。

回到彰化工作之後，黃鴻隆一邊持續處理台北事務所尚未結案的業務，一邊服務彰化的客戶，生活與工作十分忙碌。

由於黃鴻隆正式上班的時間不長，而且一年內換了三次工作，每份工作都僅三到四個月，主管們擔心他經驗不足，如何獨立執業，因此傳授黃鴻隆很多專業的提醒，特別是不能簽、不能做的「地雷區」，對於像他這樣的執業新手，可以說十分受用。

事務所風光開幕後，接下來就是回到日常營運的現實。辦公室位於巷子裡，成員除了他以外，還有四名助理，都是商科背景的年輕女性。

雖然事務所已經有一些現成的客戶，不過這些由別家事務所轉賣出來的客戶，帳目自然比較棘手，讓黃鴻隆花了不少心思處理。爲了服務客戶，他手提〇〇七手提箱，帶著拐杖，騎著改裝的三輪摩托車，四處奔走。

創業初期的點點滴滴，總是讓人刻骨銘心。「有一年冬天，我到福興鄉工業區去輔導廠商。當天我穿得比較單薄，在廠區吹了一天的冷風回到家後，全身發冷，牙齒打顫，近十分鐘講不出話來，」黃鴻隆回憶。

事務所要發展，除了經營原有客戶，還要開發新客戶。業務開發沒有捷徑，就是主動去敲門。黃鴻隆平時只要發現稍具規模的企業，就會記下公司名稱，設法查出公司電話，然後打電話邀約負責人見面。

電話通常是先打到總機，然後就會被攔下來，告知他：「本公司已經有合作的會計師了。」即使遭到拒絕，黃鴻隆也不氣餒，他會一再叩門，因爲他相信，每個當老闆的，都有權利聽聽不同的專業建議。

只要能敲開第一扇門，接下來，就看黃鴻隆如何表現了。所有銷售高手都知道一個道理：要抓住客戶的心，就得先了解對方的需求。黃鴻隆見新客戶時，一定會先做功課，了解對方的產業狀況，擬定講稿，進行沙盤推演。正式見面時，他能從簡單的交談中，迅速抓出重點，找到自己能提供協助的地方。

一開始，接洽的人可能是會計或財務人員，進一步才會請出老闆。當他看見對方眼睛開始發光，黃鴻隆就知道自己的機會來了。隨著口碑的建立，找他合作的企業愈來愈多。

創業路上貴人相助

黃鴻隆是東海會計系第二屆的學生。第一屆中，有一位學長李淸音，功課好，個性溫和，一向受到師長們喜愛。黃鴻隆跟這位學長交情不錯，他回彰化執業時，學長還爲他加油打氣，再三叮嚀：「黃鴻隆，你一定要成功。」

我始終熱愛我的生命，擁抱我的理想，
就像海邊踏浪的大孩子，逐夢而行。

執業初期，百廢待舉，黃鴻隆知道自己經驗不足，想邀請學長加入，助他一臂之力。學長當時在台塑工作，經過一番考慮後，告訴黃鴻隆：「我推薦一個比我更適合的人，我太太。」

李清音的太太黃秋金，專科畢業，學歷雖然不是頂尖，但做事能力一流。她曾在高雄知名的建業聯合會計師事務所工作五年，是效率備受讚譽的查帳快手。有她加入陣容，事務所如虎添翼。

當時學長伉儷新婚不久，黃秋金便南下彰化來幫黃鴻隆，李清音留在台北工作，夫妻兩人卽使分居兩地，仍決定力挺黃鴻隆的事業，讓他十分感動。

實際和黃秋金共事後，黃鴻隆才見識到什麼是「天賦」。她思緒敏捷，敲打計算機的速度飛快，有如天才鋼琴家靈動的手指，在按鍵間起舞。工作上，她有條不紊，做事不拖泥帶水；管理上，她治軍嚴明，有話直說，因此，上自黃鴻隆，下到助理，整個事務所的人都有點怕她。

黃鴻隆沒有在大型會計師事務所工作過，黃秋金的經歷正好補足這一塊。她以自己在前東家修煉五年的功力，爲黃鴻隆打通任督二脈。會計帳務處理時會用到的工作底稿，以及用來寫工作底稿的可擦式紅色鉛筆，都來自黃秋金過去的工作經驗。多虧有她幫忙，黃鴻隆的事務所逐步建立起制度，步上軌道。

隨著事務所的發展蒸蒸日上，三年後黃秋金決定功成身退，回到台北發展。黃鴻隆非常感激她的付出，畢竟這對新婚夫妻爲了他，分居了三年。

當初，李清音不只留下一句：「黃鴻隆，你一定要成功。」更透過實際行動，爲他的事業奠定了基石。學長伉儷是黃鴻隆執業生涯的重要貴人，他們後來喜獲一對千金，也認黃鴻隆當乾爹。

跨足法律，拓展服務面向

中台灣向來是台灣製造業的重鎮。黃鴻隆在彰化執業，客戶以小五金業（金屬工具、配件）、製傘業、製鞋業、自行車相關產業居多。他們往往是從一座簡陋的工廠起家，不懂企業經營，對於財務也缺乏概念，公司帳目經常問題百出。黃鴻隆提供的服務，也從早期的記帳，慢慢發展爲輔導客戶走上企業經營的正軌。

舉例來說，早年曾有衛浴、製傘等廠商，將工作發包給家庭代工，卻不給報薪水，甚至去買人頭。所以這些廠商支付酬勞的帳目，其實是遊走在法律邊緣。黃鴻隆於是協助這

2005年事務所喬遷至現址，前彰化縣縣長翁金珠（左）特別在議會質詢結束後，撥冗出席，並致詞勉勵。

些家庭代工戶自己設立代工公司，向衛浴、製傘等廠商請款，解決帳目的問題。

漸漸地，黃鴻隆找到了自己的定位。他不只是單純記帳的會計師，而是客戶財務上的「家庭醫師」，解決各種疑難雜症。後來，黃鴻隆希望把事務所的重心放在爲客戶解決問題，甚至能夠在創立初期就預防問題，索性結束爲企業記帳的業務。

一九九六年，黃鴻隆接受法院委託，成爲維力食品重整案的監督人，是他會計師生涯中重要的轉捩點。

這個時候第二位貴人出現了，那就是跟他有高中及大學同班同學情誼的黃秀俊副總，是他南下情義相挺，爲黃鴻隆的重整事業撐起了半邊天，不但深耕大中部，還將戰線延伸到台北及高雄，爲誠品聯合會計師事務所的「台北所」及「高雄所」披荊斬棘，樹立了不少輝煌的戰績。粗略估算，他們幾乎服務了近一、二十家的財務艱困公司。

因爲參與重整案，黃鴻隆發現相關法令不合時宜，斷絕了企業絕處逢生的機會，於是他挺身而出，推動《公司法》的修法；之後，又受聘加入彰化縣政府訴願審議委員會。

爲了幫弱勢民衆發聲，他潛心研究法律，甚至還就讀中興大學法律學系碩士在職專班，跨足會計和法律兩種專業，對於客戶的服務也擴展到法律諮詢層面。

黃鴻隆會無償協助客戶提起行政訴願，只因爲他認爲，正義必須彰顯。他慷慨陳詞，仗義執言，任由熱情在血液中沸騰。

隨著所輔導的廠商逐漸壯大，成爲名揚世界的「隱形冠軍」，近十年來，二代接班的問題也逐漸浮上檯面。黃鴻隆成立了「大有家族辦公室」，協助企業順利完成傳承接班。他是企一代的顧問，也是企二代的導師，扮演著世代之間的溝通橋梁角色，跟客戶的關係也更加緊密。

黃鴻隆的執業生涯，並非總是一帆風順。家裡曾經欠下的巨額債務，是他遇過最大的考驗。當年，黃鴻隆會在父親的堅持下，回到彰化執業，背後的原因，其實是家裡財務出現狀況，父親希望他能盡早回來賺錢。一九八七年左右，債務終於失去控制暴發開來，金額高達三千六百多萬。

黃鴻隆義不容辭，一肩扛起債務。雖說事務所的收入不錯，但拿去還債，就沒有錢支付員工薪水，黃鴻隆只好找朋友幫忙應急。這筆龐大的債務中，除了銀行欠款，主要債權人是三兄弟，他們經常來找黃鴻隆商討如何還債，甚至釋出善意，將還款金額打折。黃鴻隆前後花了十二年，總算處理完家中的債務。

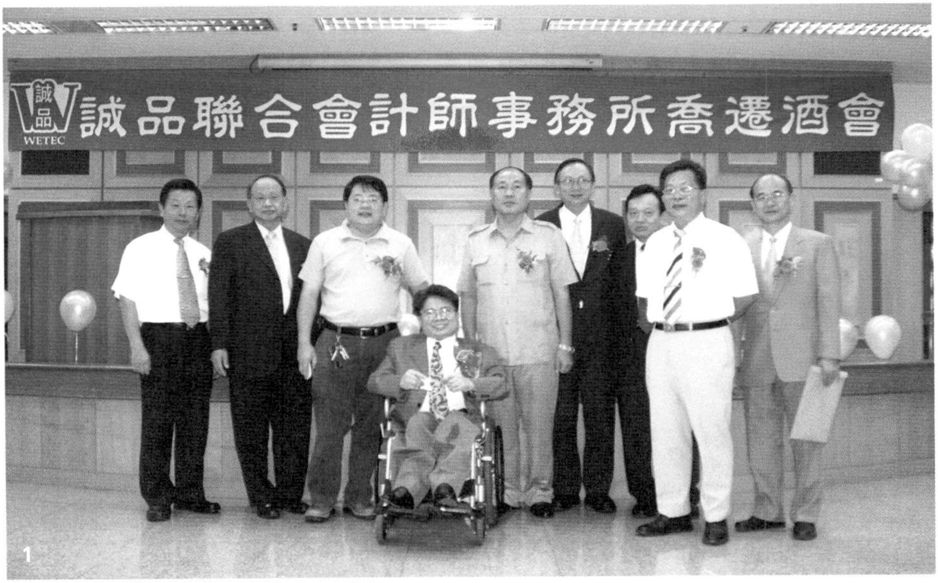

❶❷黃鴻隆從不安於現狀，事業從個人事務所發展到聯合事務所，並且四度搬遷辦公室，提供更好的環境，贏得客戶及同仁的心。❸爲草創時期事務所的招牌，如今還留著，提醒了這一段歷史。

由於重視員工福利，黃鴻隆鼓勵事務所舉辦員工旅遊，並親自陪同，但在一次澳洲旅遊時，因爲長途旅行過於疲累，之後都由母親代爲出席陪伴。❶爲前往澳洲旅行，❷則是1997年前往峇里島。

自黃鴻隆於一九八五年年底正式執業，一晃眼，已經過去近四十個年頭。事務所換過四間辦公室，目前跟彰化縣農會在同一幢大樓。辦公室可眺望八卦山大佛，空間開闊，門口招牌寫著「誠品聯合會計師事務所」。

根據法令規定，由兩名以上會計師組成的聯合會計師事務所，才能爲上市櫃公司進行簽證。於是，會計師之間會相互合作，成立聯合會計師事務所，除了有助於業務開發，還擁有分攤訓練成本、資源共享的優點。

返鄉打出一片江山

黃鴻隆過去也曾和其他會計師成立過「安力聯合會計師事務所」，後來因爲成員家庭因素退出而解散。一九九八年，黃鴻隆又跟周志誠會計師等人，合作成立「誠品聯合會計師事務所」。

事務所取名「誠品」，「誠」是代表核心理念爲誠信起家，「品」字三個口，象徵起家時是三位合夥人，至於事務所的英文名字是「WeTec」，則有強調團隊、技術的含義。

原本誠品聯合會計師事務所以彰化爲總部，目前則設在台北，旗下共有總所、台北分所、新北分所、彰化分所等四間事務所，黃鴻隆是彰化分所的主要負責人。

當初黃鴻隆僅憑台北短暫的工作經驗就出來執業，令很多朋友擔心，特別是業界的前輩。他們提醒黃鴻隆：「你行動不便，又沒有國外留學的光環，這麼年輕就出來執業，眞的做得來嗎？」

經過歲月的洗禮，那個曾經不被看好的年輕小夥子，已經在台灣會計界闖出一片天。「誠品」是彰化在地數一數二的會計師事務所，黃鴻隆也活躍於各種社團組織。他結合專業和公益，成立了「公益信託誠品法務會計研究發展基金」，以及「中華法務會計研究發展協會」，打造符合台灣企業需要的法律財經環境。

黃鴻隆從不安於現狀，總在尋找新的戰場，充分實踐「與其過得安穩，我更願意接受生命的挑戰」這句座右銘。

彰化，這個原本對黃鴻隆來說有點陌生的故鄉，如今成爲他發展事業的沃土。他在這裡扎根、茁壯，寫下了精采的人生篇章。

他們眼中的黃鴻隆

陳連成 立晟金屬總裁

早年台灣的中小企業，創業初期百般摸索，也不會記帳，都是委託會計師處理。我跟黃會計師結緣，就是請他爲公司記帳開始。

黃會計師很有自己的想法，不只是幫你記帳，還會輔導你如何經營一家公司。當年黃會計師是撐著拐杖，到處去服務客戶。看他這麼積極打拚，我們也會提醒自己要加倍努力，這種精神上的鼓舞，意義不亞於他給予的實質幫助。

立晟在中國大陸設廠，黃會計師曾經親自到現場跟員工互動。大家看到他行動不便，還特別前來，都非常感動。

黃會計師非常孝順，對於朋友也極有義氣。好的知識，他會分享；好的人才，他會介紹。他串連人脈，推動公益，對社會有很大的貢獻。身爲他的朋友，我引以爲榮。

第六章

從參與重整，到推動修法

黃鴻隆運用深厚的專業知識，
陪伴維力食品走過重整難關，
並推動《公司法》修法，
幫助更多企業重新站起來。

在誠品聯合會計師事務所工作，有個特別的福利，就是經常有免費的維力泡麵可吃。

這是維力食品董事長張天民對黃鴻隆一點回饋的心意。每次維力推出新口味的泡麵，都會成箱送到事務所。維力知名的休閒零嘴「張君雅小妹妹」，也是事務所員工的午後點心之一。

張天民跟黃鴻隆之間有革命情感，不過維力並不是黃鴻隆的客戶。兩人結緣，始於一九九七年。當時維力陷入財務危機，向法院聲請企業重整，黃鴻隆先後擔任了檢查人、監督人。在維力最艱困的時期，他始終情義相挺，陪伴張天民度過難關。

重整，挽救瀕死企業

所謂企業重整，就是當一家公司因爲財務困難、瀕臨停業窘境，經評估仍有重建更生可能，得以在法院的監督下，經由一定法律程序改善公司財務、營運等狀況，達成清理債務、維持企業生存的目的。

簡言之，企業重整就是將瀕死的企業送進加護病房，進行最後的搶救，成功了，企業起死回生；失敗了，企業倒閉。

以自有網球拍品牌「肯尼士」打入國際市場的光男企業，就是重整失敗的例子。由於事業版圖拓展太快，財務槓桿過高，導致周轉不靈，累積負債多達一百多億。雖然台中地院裁定准予重整，歷經六次重整沒有結果，在二〇〇〇年走入破產拍賣的下場。

當企業向法院聲請重整，法院徵詢過主管機關意見後，便會派專業公正的檢查人，根據公司的業務、財務狀況及資產估價，分析是否還有重建更生的可能。在維力食品的重整案中，黃鴻隆便接受法院的指派，擔任重整檢查人，也因此認識了張天民。

張天民的父親張登旺是正義油品的創辦人，當年他買下經營不善的維力，在泡麵市場打下江山。維力炸醬麵會與統一肉燥麵、味王原汁牛肉麵、味丹排骨雞麵，並稱台灣泡麵的「四大天王」。維力後來又開發了長銷的國民泡麵品牌「一度贊」，生意做得有聲有色，家族的關係企業也蓬勃發展。

一九九六年年底，由於張登旺操作大宗物資失利，年營收十二億的維力，揹上三十二億的債務。當年才三十六歲，從未進入公司管理核心的張天民，咬牙接下了挽救家族企業的艱難任務。

「這麼多的債務，不知道要還到何時，很多朋友都勸我放棄，」張天民坦言。公司的本業賺錢，而且八百多名員工中，一半都是在地鄉親。即使債務如此龐大，張天民想到，若是公司就此倒閉，幾百個家庭將受到波及，他實在不忍心放手不管，唯一的選擇，只有重整。

不離不棄，跟訪全台債權銀行

法院裁定重整後，又安排了黃鴻隆擔任監督人，參與重整計畫的擬定。接下來就是跟債權人溝通，協調出彼此都能接受的還款方案。維力要交涉的債權銀行多達三十二家，跟每家銀行之間的債務關係各不相同，而且銀行對於張天民家族是否有還債的誠意，仍然抱

我的一生就是在充滿愛與信任的執業旅程中，熱情洋溢、堅持理想，努力用心去經營生命。

持著不信任的態度。

第一次債權人會議，各銀行代表近百人，整個會場鬧哄哄的，根本無法進行討論。張天民決定，分別找這三十二家銀行協商。這些銀行分布全台，從台北到高雄都有，張天民一共跑了三趟，每趟約計十來天，而黃鴻隆全程參與。

黃鴻隆是重整案的監督人，出席相關會議就已盡到責任，加上他行動不方便，即使婉拒陪同，也合情合理。

或許是出於打抱不平，或許是自己也曾扛起父親的債務，因此感同身受，黃鴻隆選擇陪著張天民，登門拜訪這些銀行。

「有時捫心自問，如果站在黃會計師的角色，我會這麼做嗎？」張天民坦言，「其實，我很猶豫。」

每一趟協商之旅都不容易。整天在銀行之間奔波，行程緊迫，經常連吃飯的時間都沒有，只能匆忙買個麥當勞迅速填飽肚子，就必須趕往下一家銀行。遇到態度極不友善的銀行，甚至當場被請出大門。

經過一再溝通，張天民最終贏得多數債權人的支持，順利走上重整之路。黃鴻隆居中斡旋，發揮了重要的功能。

「我是債務人，銀行是債權人，立場是對立的，而黃會計師是公正第三方，他講的話，銀行比較聽得下去，」張天民解釋。

重整計畫中，黃鴻隆提供了不少建議，幫助維力以較有利的折扣方案，達成債務償還的協議。

「處理重整個案，最大的難處在於溝通。不同性質的債權人有不同考量，即使相同性質的債權人，也會因爲擔保品不同，各有各的盤算，更會因爲債權是否已出售或打入呆帳，有所不同。如何以圓融的智慧，坦誠面對一切，即是關鍵，」黃鴻隆說。

二〇〇八年八月，法院裁定維力重整完成。此後，維力的營收一路攀升，泡麵市占率也跟著扶搖直上，將近二五％，穩坐市場亞軍。在重整過程中，維力還引進策略性投資人，有效提升公司價值，增加債權銀行回收金額，創下重整成功的範例。

亞洲金融風暴，催生改革念頭

維力聲請重整那一年，亞洲發生金融風暴。泰銖的暴跌，連帶造成亞洲各國貨幣急速貶值。這把從泰國燒起的火，迅速蔓延到印尼、菲律賓、馬來西亞、韓國、新加坡和台灣等地。

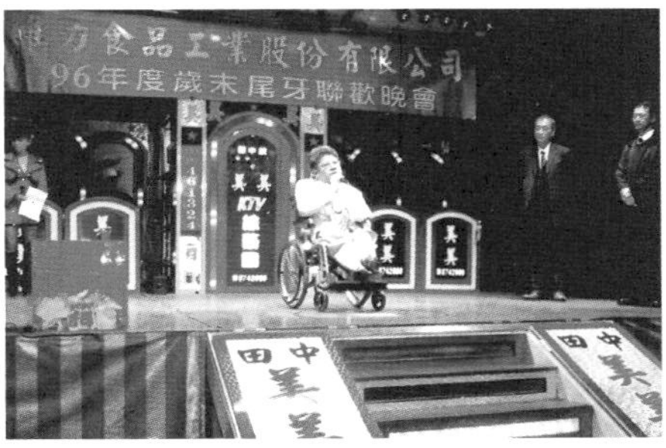

黃鴻隆全程參與維力食品的重整，成功之後，他在尾牙宴上高歌一曲〈你是我的兄弟〉。

亞洲金融風暴重創了台灣中部的傳統產業，多家廠商因爲周轉失靈，紛紛倒閉。黃鴻隆經過維力重整一役後，陸續又參與了多家企業的破產案，內心感觸良多。

這些被龐大債務壓垮的公司，有如殘破的戰場。員工、股東、融資銀行、遭波及的同業或上下游廠商，無不傷痕累累。黃鴻隆的工作是協助清理戰場，然而重整案通常牽連甚廣，有著太多太多理不清的利益糾葛，他要打交道的不只是數字，還有人性。

「順了姑意就違了嫂意，要如何取捨拿捏才能面面俱到，這對於會計出身的我，無疑是一大挑戰，」黃鴻隆說。

隨著經驗的累積，黃鴻隆也有了自己的心得。「我尋思，爲什麼國內走到重整的公司，大部分都不會成功？我找出了答案，癥結就在法令。」

黃鴻隆認爲，當時《公司法》中，有些公司重整相關的規定執行不易，因此，原本有機會絕處逢生的公司，若是遇到有心人士從中作梗，導致無法翻身，便不得不走向宣告破產的命運。

舉例來說，根據《公司法》規定，必須在關係人會議表決達三分之二的同意，才能通過重整計畫。從實務上來說，門檻實在太高。

要改變這種困境，黃鴻隆心中出現了一個念頭：修法。

會計師想要推動修法，旁人看來或許覺得異想天開，然而黃鴻隆的朋友都知道，只要他下定決心，再困難的目標，也會想盡辦法達成，絕不放棄。

成功的人找方法

所謂「成功的人找方法，失敗的人找理由」，黃鴻隆就是會找方法的人。民間人士要推動修法，當然要透過立委。前中鋼董事長王鍾渝擔任立法委員時，曾經提案《公司法》修法，但都沒有通過。不過，黃鴻隆並不氣餒，他活用從圍棋中體悟的道理，慢慢布局。

「不少長輩告訴我，修法很複雜，不是我們年輕人可以隨意去碰的，」黃鴻隆透露，「但是我認為，這件事攸關大是大非，非做不可，因此我願意勇往直前。」

要直接跟立委搭上線，並不容易，於是黃鴻隆先去找立委的辦公室主任，逐漸發展交情，再透過他們，向立法委員說服立法的意義，爭取支持。前後花了一年的時間，修正案終於進入朝野協商的階段。

然而，案子卻卡在了某位無黨籍立委手上。這位立委是無黨籍聯盟的召集人，沒有他點頭、簽字，案子完全動彈不得。

黃鴻隆思來想去，憑藉著初生之犢不畏虎的勇氣，透過該委員辦公室主任的協助，獲得跟立委見面的機會。那天，黃鴻隆起了個大早，從彰化出發，直奔台北的立委辦公室。立委只給黃鴻隆三十分鐘，他充分利用這有限的時間，說明修法的重要性，希望能獲得對方的協助。

下午三點半左右，黃鴻隆的手機響起，是委員國會辦公室主任的來電，隨後電話那端便轉給了委員。立委說：「黃會計師，你的熱忱及膽識過人，你這個朋友我交定了。從來沒有一個人，像你這麼用心地傾聽我對本案的意見，並給予客觀的意見，我明天早上就進立院去簽字……」

正如《與成功有約》的作者史蒂芬．柯維（Stephen Covey）所說，將心比心，異地而處，只有當別人感覺到你受他們影響，你了解他們，很仔細並眞誠地聽他們說話時，這時候才算眞正發揮了影響力。而在修法過程中，黃鴻隆也充分發揮了自己的影響力。

二〇〇六年一月十六日，立法院三讀通過《公司法》中重整相關的六項條文（第二六七、二八九、二九〇、二九二、三〇二、三〇六條），並在二月三日正式公告。此法案的修正，一方面降低重整計畫的可決門檻，另一方面明文規範關係人會議的溝通期限，可望有效提高重整效率。

其中，第三〇二條的修正，將原來表決通過的三分之二門檻，降低為二分之一，是維力後來重整成功的關鍵。

「行政機關、司法機關及會計界，對於這次修法都給予高度評價，認為修得非常務實，」黃鴻隆透露，多位行政長官告訴他，以後部會如果修法不順利，還請他多多幫忙。

踏入訴願衙門，為人民發聲

參與維力重整案，是黃鴻隆會計師生涯的一大轉捩點。

在那之前，黃鴻隆從事的業務跟一般會計師差別不大，然而在維力案中，黃鴻隆意識到，當企業遭遇財務危機時，法律扮演的角色舉足輕重。不合時宜、不符實務的法條規定，可能扼殺了一家公司重生的契機。他除了推動修法，也開始潛心研究法律。

二〇〇五年，因緣際會下，黃鴻隆應聘成為彰化縣政府訴願審議委員會的委員。訴願審議委員會的成立宗旨，是提供民間申訴的管道。當人民因為法令過時，或是行政機關事權分工不明確，導致合法權益遭受損害時，便可以透過訴願審議委員會討回公道。

多數民眾缺乏法律知識，遇到合法權益受損，通常也是有苦難言。加入訴願審議委員會後，黃鴻隆更深刻感受一般人的苦衷，內心懷抱正義感的他，很希望能盡一己之力，為民眾發聲。

所以只要有訴願人申請言辭辯論，黃鴻隆都給予方便，來者不拒，這在當時台灣的行政機關裡面，是相當不容易做到的，因此黃鴻隆在當時被認爲是最傾聽民間聲音的訴願委員。甚至還有訴願人，一看到黃鴻隆出席訴願會，就跪倒在他的輪椅面前，好像見到了包青天……

「每一個個案，我都無比認眞對待。身爲會計師的我，雖然沒有法律背景，反而激發了我的熱情，總是花更多時間去研究，」黃鴻隆說。於是他開始勤翻法條，不懂就請教人，後來索性到中興大學法律學系在職專班去進修。

跨界法律，走出不一樣的路

涉獵法律後，黃鴻隆對於幾乎沒有希望的案子，往往會把死馬當活馬醫，義務地幫客戶打行政訴訟。他從實戰中累積經驗，即使失敗也能吸取教訓，有所成長。他的人脈圈也因此愈來愈廣，從會計界跨越到法律界。

「有人說，會計人最怕看法院的判決書，法律人最怕看報表。因緣際會下，我在兩個領域中都能暢行無礙，」黃鴻隆說。

因爲能看報表，又能看判決書，黃鴻隆不只是幫客戶查帳，還能幫忙解決法律相關的疑難雜症，自然大幅提升了他在客戶眼中的價值。因此，黃鴻隆跟客戶的合作既深且遠，不只是會計師，還是他們的顧問、朋友，甚至家人。

黃鴻隆雖然行動不便，他卻一步一腳印，走出一條不一樣的生命之路。

二〇〇六年十一月下旬，光男企業創辦人羅光男應東海大學會計系邀請，出席了一場會議，公開剖析他重整失敗的原因。

知名商學教授李志文，當天也出席這場會議。李志文曾任教於海內外多所知名大學，是位桃李滿天下的國際商學教育啟蒙者。

會後，李志文寫下一段文字，描述他對黃鴻隆的印象：

「最近在台中東海大學舉辦的一場學術活動中，見到一位坐在輪椅上、精神抖擻的宣講來賓，多年前曾經有過一些來往。在會議中的交談，欣然發現他不只是個會計師，而且是個有深厚經濟學基礎的財務重整專家。財務重整在最近十年的金融創新大潮中，成爲公司經營的重要戰略工具。」

兩人私下也有郵件交流，字裡行間，李志文對於黃鴻隆的積極奮鬥，給予相當正面的肯定，並在浙大商學院EMBA中，特別爲文加以介紹。

一個來自彰化的中小型會計師事務所負責人，竟讓享譽國際的學者刮目相看，黃鴻隆是怎麼辦到的？

其實，黃鴻隆的起心動念，就是「利他」。

當維力重整案交到他手上，黃鴻隆並沒有視爲燙手山芋，反而想好好處理，幫助維力獲得重生再造的機會。這份動機，是出於俠義心腸，而不是爲了他自己。

人生很奇妙，當你無私幫助他人，自己往往成爲最大的受惠者。黃鴻隆陪張天民去拜訪債權銀行，從地方分行、區域中心到總行，一次次耐心地溝通、協商，「讓我能以更大的包容心、更寬廣的智慧，贏得信任，並蓄積無數人脈與善緣，」黃鴻隆說。

黃鴻隆投入《公司法》的修法，也是爲了幫助更多企業重新站起來。當一家企業能夠順利重整，員工不會失業，他們的家庭獲得保障，產業鏈也不會受到波及。黃鴻隆的無私付出，爲社會帶來很大的貢獻。

經營事業，也經營生命

所謂「態度決定高度，格局決定結局」，黃鴻隆能成爲李志文眼中「有深厚經濟學基礎的財務重整專家」，因爲他不只是經營事業，也是在經營生命。

黃鴻隆這麼剖析自己：「我是個經營生命的人，我熱愛我的生命。不管發生什麼事，都當作一種善緣，享受生命帶來的驚喜，讓我充滿熱情與鬥志。」

「我的一切，都是這個社會給我的，都是客戶、員工、朋友、家人給我的，我心懷感恩。身體殘障的缺陷，成爲激勵我成長的動力。我用經營生命的態度，形塑我的個人品牌。像我這樣坐著輪椅，全台灣跑透透的會計師，大概僅此一位，別無分號。」

當看待世界的眼界夠高，整片天空任人翱翔。當懷抱生命的胸襟夠寬闊，人生中的點點滴滴，都是前進的能量。

黃鴻隆用親身經歷證明，人生值得經營，只要以「無私」、「利他」的角度出發，形成「善」的循環，生命將帶來意料之外的喜悅與收穫。

他們眼中的黃鴻隆

詹家昌 東海大學副校長

不論是參與公司重整，或是推動《公司法》的修訂，黃會計師在會計專業上的成就有目共睹，毋庸置疑，但即使如此，他依然熱中學習新事物。東海大學成立會計EMBA，黃會計師是第一屆學生，而我教他們一門「企業評價」的課程。我還記得他總是坐在第一排，經常發問。課堂上，我是老師，他是學生，事實上，從他身上，我也學到不少會計的專業。我們的關係可以說是亦師亦友。

黃會計師最讓我佩服的是他的人生態度。他的人生遇過很多困難，然而，他總是能愈挫愈勇。他常說：「即使路途迂迴，我一定能攻上玉山的頂端。」每次看到他這麼努力，我就會提醒自己，要跟黃會計師看齊。

黃會計師一直對母校懷抱感恩的心，各種活動都出錢出力；另一方面，他也很熱中從事公益。做公益的人不少，但是他的用心程度，總是比一般人更投入。

東海大學一向以博雅教育聞名，黃會計師就是很好的代表。他的人文素養很高，經常出口成章，是值得學習的對象。

第七章

以愛與關懷，推動家族傳承

從成立家族辦公室，
到促成《百年家族企業永續傳承心法》
在台出版，
黃鴻隆希望爲難解的傳承問題提供解方，
爲台灣企業的永續發展盡一份心力。

每年，香港翰宇國際律師事務所合夥律師胡玉瑩（Patricia Woo）都會飛來台灣幾天，她除了到政大法研所授課，也順道探望在台灣的「大哥」黃鴻隆。

胡玉瑩是位優秀的全球基金、信託和稅務律師，她聯席主持的全球家族辦公室跨業務團隊，擁有來自不同辦事處約六十名合夥人，幫助全球超高淨值家庭建立、重組和實踐家族辦公室。

二〇一六年十二月，胡玉瑩來台參加信託研討會，跟黃鴻隆一見如故，從此以兄妹相稱。

黃鴻隆從會計跨入法律，胡玉瑩從法律跨入金融，這對沒有血緣的「兄妹」兩人，都對「家族治理」、「家族傳承」等議題很有研究。

百年企業傳承心法

胡玉瑩的友人米茲．柏杜（Mitzi Perdue），父親是喜來登飯店創辦人歐內斯特．亨德森（Ernest Henderson），丈夫是前美國養雞大亨法蘭克．柏杜（Frank Perdue）。她的著作《百年家族企業永續傳承心法——家族治理執行清單》（*How to Make Your Family Business Last*），透過自身經驗，講述兩個家族如何執行家族治理，永續經營家族事業，曾榮登亞馬遜書店自傳書類第五名，米茲也經常受邀到各國演講。

二〇一九年九月，在胡玉瑩、黃鴻隆的安排下，米茲來台參加了兩場以家族企業傳承爲主題的論壇，獲得很好的迴響。黃鴻隆也跟米茲建立起家人般的情誼，兩人經常透過郵件往來，米茲稱讚黃鴻隆：「邱吉爾常說，勇氣是『美德之后』，因爲有勇氣，才會有其他美德。而你是我平生所見，最有勇氣的人。」

在米茲的同意下，二〇二一年，《百年家族企業永續傳承心法——家族治理執行清單》中文版在台公益出版，以編譯的方式呈現，黃鴻隆、胡玉瑩並列作者。甚至，米茲還無償地將著作權授予黃鴻隆成立的「中華法務會計研究發展協會」，以做爲協助推廣家族辦公室之用。

一九八五年，黃鴻隆返鄉執業，至今近四十年的歲月中，他陪伴很多傳產企業主，從小工廠起家，逐漸發展成名揚海外的「隱形冠軍」。

黃鴻隆除了提供企業簽證服務，也爲企業主處理一些稅務問題，包括遺產稅、贈與稅等，對於家族理財與傳承逐漸累積不少心得。彰化ＩＭＣ國際工商經營研究社曾邀請他，在內部刊物發表了二十期的「理財傳承」相關文章。

近十年來，這些黃鴻隆服務多年的老客戶，都面臨接班布局的考驗。如何幫助客戶順利完成企業傳承，邁向永續經營，便成了黃鴻隆念茲在茲的議題。

只有三成家族企業可以順利傳承

從過去到現在，不論東方或西方，傳承與接班從來都不是件容易的事。第一代千辛萬苦打下的江山，在接班人手上迅速灰飛煙滅的例子，可以說不勝枚舉。

根據美國家族企業機構（Family Business Institute）研究，只有三成企業能成功地由企一代傳承到企二代，剩下七成都失敗；順利傳承到第三代的家族企業，甚至只有一二%。

企業的傳與承有多難？黃鴻隆以改編成電影《Gucci：豪門謀殺案》的Gucci家族故事

在黃鴻隆的安排下，《百年家族企業永續傳承心法》作者米茲（後排左四）來台參加了兩場以家族企業傳承爲主題的論壇。

爲例，因爲缺乏前瞻的接班布局，輝煌的時尚品牌竟成爲家族崩壞的詛咒。

第一代將股份平均分攤給三個兒子，爲第二代的兄弟內鬥埋下導火線。從第二代到第三代更是紛爭不斷，兒子把父親送進監獄，妻子買凶殺夫，留下「富不過三代」的不勝唏噓。

不過，家族傳承也有成功典範。香港的醬料王國李錦記集團，經歷了第二代、第三代的兄弟鬩牆，最後制定了「家族憲法」、「家族委員會」、「家族內規」等機制，奠基於一八八八年的百年家業，才得以長治久安。

家族憲法規範了家族成員間的利益衝突，經由做爲全體家族成員溝通平台的家族議會多數決議，維護家族整體利益，但是這些都是法律框架，不論規劃得多麼周詳，還是需要有執行單位，就是所謂的家族辦公室。

「家族辦公室的設置，可以協助家族企業建立及執行家族憲法、家族決策平台（譬如家族委員會）等治理原則及機制，並適度地引進專業外部顧問，協助相關文件擬定與執行，是推動、落實家族治理專業化時不可或缺的事，」黃鴻隆指出。

成立「大有家族辦公室」

有些家族企業集團，會在內部成立家族辦公室，負責家族投資、傳承接班事宜；也有專業人士組成的家族辦公室，爲企業提供財富管理、永續經營、家族關係維持、家族人力養成等服務。

黃鴻隆在二〇一五年十二月成立「大有家族辦公室」，以《易經・大有卦》的「大有」爲名，表彰「接班傳承」是希望「大家都有、不斷超越」的初衷。

「『大』是格局、氣度、視野的超越與再超越，『有』是既有的成就，繼任者唯有敢做夢、有理想、有願景，才能拉出企業的第二條成長曲線，」黃鴻隆強調。

黃鴻隆人脈實力堅強，學界、業界都能找到專業人士合作，協助家族企業從事傳承布局。除了制度面家族憲法、家族委員會的規劃，家族凝聚力、價值觀的建立，也是家族傳承成功與否的重要關鍵。

以米茲自身的經驗爲例，透過定期且全員參與的家族聚會及旅行、一起進行慈善活動、長輩寫自傳向下一代訴說家族故事等方式，打造充滿關愛、凝聚力強的家族；當身爲家族一份子的價值與榮譽感獲得彰顯，家族憲法、家族委員會才能產生約束力。

李錦記家族逢假期必定全家出遊，每三個月舉行一次家族會議，每次四天，家族成員共聚一堂，討論家族發展的相關話題。會議、儀式、慶典等例行的家族活動，爲家族成員之間帶來很緊密的牽絆。

李惠森是李錦記家族第四代，在接受《富比士》（*Forbes*）雜誌採訪時坦言，自己曾有賣掉股份、自立門戶的念頭，但是轉念一想：「如果放棄了股份，自己與家族之間是什麼關係？會不會從此再也無法與爸爸說話？」對於家族的情感，終究還是讓他放棄了分裂。

黃鴻隆的「妹妹」胡玉瑩曾在*Horizons*雜誌上，發表"Love & Care: The Greater Role of a Family Office"（〈愛與關懷：家族辦公室主要的角色〉），建議家族辦公室可以扮演家族向心力的「黏合劑」。

用藝術凝聚家族向心力

黃鴻隆跟許多客戶都有長達三十年的交情，善於聆聽的他，也是這些企二代非常尊敬的長輩，由他出面凝聚不同世代的向心力，可以說再適當不過。另外，黃鴻隆還有個祕密武器，就是藝術。

也許我的人生路，要走得迂迴一點，但總有一天我也會登上玉山的頂峰。

二〇二一年十月，黃鴻隆帶著大有家族辦公室的藝術總監張燕淑，將一幅大型畫作致贈給中華民國信託業商業同業公會（簡稱信託公會）。

信託公會近年來積極推動本土化的家族信託業務，規劃過程中，涉及較複雜的法律或稅務問題時，都會跟會計師、律師跨界合作。黃鴻隆跟信託公會理念相合，希望透過家族信託的推廣，協助台灣企業永續經營，因此多年來與信託公會辦了逾十場的大型信託講座。

此次捐贈的畫作出於張燕淑之手，畫布上每一個視覺元素的安排，都具深意。

「畫中的背景，有船有樓，更有高掛的月亮，代表創富過程經歷千山萬水、日夜奔波，終而捕獲魚兒裝滿家，」黃鴻隆透露。

「魚」表徵「收穫／滿足」，有「富餘」之意。三個杯子隱喻三代，各有各的際遇，「一代橫空出世、二代體會謙卑、三代納入眾生，代表了『盛裝』、傳遞了『承接』，更代表了富裕之後的『責任』傳承。」黃鴻隆接著說。

全畫作屬中階色調，有明度但沒有變黯淡，表徵「明亮而不刺眼

1

2

黃鴻隆關心家族傳承議題，獲得許多企業主及二代企業家的認同。❶圖右爲福貞控股董事長李榮福。❷則是黃鴻隆參與二代企業家油畫班活動。

黃鴻隆認爲玉山最能代表台灣企業家創業精神，南良集團總裁蕭登波因認同他的理念，特別典藏依其精神創作的春、夏、秋、冬四幅玉山，本幅是冬季創作，作品名稱爲「玉山圓柏．堅毅不屈」。

的光輝，圓潤而不膩滑的溫和」。右下方有個白色色塊，黃鴻隆解釋，那代表《金剛經》的「無所住」，也只有具備這樣的體悟與智慧，才能傳承百年，以寬廣無垠的心，納入衆生。畫作名稱叫作《富．予》，要傳達的就是「幸福的定義是幫助別人（無私地付出）」，這是家族事業百年傳承的基礎。

張燕淑是黃鴻隆早年的祕書，後來全心投入繪畫事業。黃鴻隆找張燕淑回來，是希望能將藝術的能量，挹注在家族事業的傳承中。

黃鴻隆認爲，台灣玉山最能代表企業家的創業精神，便請張燕淑以玉山爲主題，繪製油畫，贈與黃鴻隆人脈圈中的企業家、學者、官員、公益團體理事長。隨著張燕淑知名度的拓展，不少家族紛紛找上門來，請她利用畫筆，訴說他們家族企業的發展故事。

某家企業董事長，就請張燕淑畫了兩幅《回首玉山路》，把創業時期的心路歷程，融入玉山壯闊的山景中。兩幅畫作目前都由該家族收藏，將「篳路藍縷，以啟山林」的精神，銘刻進接班世代心中。

所有傳承策略的最終目的，就是順利接班，讓家族企業永續長青。千里之行，始於足下，家族企業要達成順利傳承的大目標，必須盡早展開行動，完整考量過程中的相關議題，做出適合家族企業的總體規劃。

從成立家族辦公室，到促成《百年家族企業永續傳承心法——家族治理執行清單》在台出版，黃鴻隆希望爲難解的傳承問題提供解方，對台灣企業的永續發展盡一份心力。

從放手到接棒，都要心甘情願

黃鴻隆認爲，所謂傳承，「傳」，是交班人要能眞正放手；「承」，是接班人有意願、有能力接班，「交班人心甘情願放手，接班人心甘情願接棒，如此才能避免日後家族爭產、兄弟鬩牆的憾事發生。」

心甘情願，來自家族成員都有共同的價值信仰。以愛和關懷出發，營造有凝聚力的家族文化，日積月累，形成家族的傳統，再搭配家族憲法、家族委員會等機制，不但可以富過三代，還能青出於藍，開創新局。

他們眼中的黃鴻隆

胡玉瑩 香港翰宇國際律師事務所合夥律師

我都稱黃會計師是我大哥。二〇一六年，我來台灣參加一場研討會，大哥是贊助者，出於禮貌，我前去寒暄，意外發現很談得來。我在香港的事務所主要負責家族辦公室的業務，而大哥也在台灣推動家族傳承，且彼此都對靈性很有感覺。我從靈性的角度，對家族關係的維繫寫了不少文章，寄給大哥看，他都認眞讀完，大概是全世界唯一看過我全部研究的人了。

我在歐洲時，認識了美國喜來登飯店集團的繼承人米茲．柏杜，變成很好的朋友。有一次，我問她是否來過台灣，她說沒有，我便推薦她來台灣，介紹她跟大哥認識，他們也是一見如故，後來便促成《百年家族企業永續傳承心法——家族治理執行清單》中文編譯版在台出版。

我會喊他大哥，因爲那陣子我失戀了，跟他訴苦，他說：「沒關係，我來當你大哥。」於是我失去一個男朋友，但是多了一個大哥。

我是家中的長女，從小承受很大的壓力，但是在大哥面前，我可以當個妹妹。我平時不會隨便扮鬼臉，但是我很喜歡在大哥面前扮鬼臉，因爲他會笑著說：「又來了！又來了！」我很喜歡這種感覺。

大哥是個有人生使命的人，這一點非常難得。大部分的人很少會去想，此生有什麼使命，特別是上了年紀、已經功成名就的男性，他們通常只想要好好享清福。而大哥心中仍懷抱遠大的使命，而且努力想要去完成使命。他的精神，很令人敬佩。

未來，我們仍會在家族、靈性方面進行合作。另外，我也希望大哥能夠早日找到人生的另一半，這是身爲小妹的我，小小的心願。

第八章

「隱形冠軍」的堅強後盾

在黃鴻隆長年的陪伴和輔導下，
這些「黑手」起家的傳產廠商，
公司經營步上軌道，視野變得更開闊，
成為稱霸全球市場的隱形冠軍企業。

德國管理大師赫爾曼．西蒙（Hermann Simon）是「隱形冠軍」概念的創造者。他研究「德國製造」崛起的祕密，發現關鍵就在隱形冠軍企業。

它們通常是中小型企業，社會知名度低，卻各自在小市場裡做出大成績，成為全球市場的領頭羊。隱形冠軍的企業競爭力強大，如同螞蟻雄兵，撐起了國家的經濟實力。

在台灣各個角落，也存在著許多隱形冠軍企業，包含機械、紡織、材料、自行車、汽車零配件，以及三C產業，從零件代工到自有品牌，透過不斷創新，持續推出高附加價值的產品，成爲全球市場的佼佼者。

中台灣是小五金、紡織、精密機械產業聚落，台灣七成精密機械、工具機及零組件廠都在中部。黃鴻隆一九八五年回彰化執業，一路看著中台灣產業變化，特別是自行車王國的稱霸全球，很多零件商都是黃鴻隆的客戶。他們從沒沒無聞的小工廠做起，在創業路上努力不懈，逐漸發展爲名揚全球的隱形冠軍企業。

技術和生產是他們的強項，經營和財務則需要摸索。黃鴻隆身爲他們的會計師，除了帳目查核，還會提供諮詢、引進資源，盡心盡力解決客戶的疑難雜症。有黃鴻隆做爲堅強後盾，這些隱形冠軍「智」造出擊，讓MIT（Made in Taiwan）升級爲世界品牌。

幫助企業打開格局，活躍國際舞台

以好米聞名的彰化縣秀水鄉，有一家生產自行車油壓碟煞的隱形冠軍，彥豪金屬。

彥豪金屬董事長陳澤民、副董事長蔡賜芳，以及總經理陳永煌，原是彰化高工機械科的校友，畢業後在同一家煞車器公司任職，因而熟識。一九八六年，三人籌資四百二十五萬，租了一間閒置豬舍，開起工廠，從此展開創業之路。

創業前五年，由於沒有品牌，只能打低價薄利策略，前景黯淡。爲了破局而出，彥豪金屬找了美國行銷公司操刀，成立自家品牌「TEKTRO」，並開始生產差異化產品，公司才有了嶄新的氣象。

一九九七年，彥豪金屬轉戰高階領域，鎖定研發登山自行車的油壓碟煞系統。

由於缺乏售後服務體系，客戶沒信心，市場上又連連碰壁。

慶幸的是，德國自行車權威雜誌*BIKE*，給了這個台灣品牌「Best Buy」的評價，彥豪金屬一夕翻身，登上國際自行車的舞台。如今，彥豪金屬每年可生產五百萬台油壓碟煞，營收占比三至四成，產量全球數一數二。

三位負責人各司其職，負責研發的副董事長蔡賜芳，跟黃鴻隆感情最好。蔡賜芳回憶，早期彥豪金屬規模小，會計僅限於找人記帳。認識黃鴻隆後，由於他在業界的風評很好，爲人又熱心，於是正式委託黃鴻隆來做會計簽證。

彥豪金屬是典型的「黑手起家」，從未想過有朝一日會成爲隱形冠軍企業。當彥豪金屬的市場排名還是第八、九名時，黃鴻隆便鼓勵他們朝國際發展，把市場做大。起初，蔡賜芳他們還沒什麼信心，然而黃鴻隆扮演智庫，經常在公司的經營面給予建議，爲彥豪金屬帶來成長、茁壯的養分。

「黃會計師打開了我們的格局，讓彥豪金屬成爲國際級企業，」蔡賜芳語中充滿感激。

兩人相交超過三十年，早已情同兄弟，在蔡賜芳眼中，黃鴻隆是個無私分享的人，

黃鴻隆盡心盡力解決客戶的疑難雜症，除了是他們的會計師，彼此也成爲好友。❶爲彥豪金屬董事長陳澤民（後排左二）。❷是利勤集團董事長洪文耀（右）。❸是味丹集團執行董事楊正（左）。

只要彥豪金屬有需要，黃鴻隆都樂意轉介他在會計界、法律界、學界的人脈，幫忙解決問題。黃鴻隆平日也會寫下讀書心得、與人交流，讓蔡賜芳從中獲得不少啟發。

從輔導記帳結緣

彰化秀水鄉臥虎藏龍，除了彥豪金屬，還有另一個隱形冠軍企業，一九八四年創立的瑞振工業。

創辦人許國忠從小家境貧困，半工半讀念完初中夜間部。退伍後，在親戚的公司上班一年，就萌生創業的念頭。

許國忠有雙巧手，帶著自製的土除（擋泥板），搭親戚的順風車，到台北參展擺攤，獲得荷蘭貿易商的青睞，直接下單一萬套，一戰成名。

從此，許國忠成了貿易商的「許願池」。擋泥板、鏈蓋、兒童安全座椅、鈴鐺、握把套，只要客戶提出需要，許國忠就會想辦法開發、生產，瑞振也成了客戶口中「自行車零配件的百貨公司」。

瑞振成功找到藍海，自行車擋泥板是台灣第一、歐美前三大，自行車鏈蓋是台灣第一、歐美前五大，而且還是日本兒童安全座椅第一大供應商，市占率超過五〇%。

我相信「願有多大，力量就有多大」，每一個人，都可以在各自的工作崗位上，發光發熱。

研發難不倒許國忠，卻因爲記帳問題吃過虧。許國忠透露，早期公司人力不足，大多委託記帳士記帳，由於是中小企業，對稅法規定不熟悉，即使帳目清楚、單據齊全，還是遭到國稅單位補稅、罰款。許國忠索性公司自己來記帳，請黃鴻隆輔導。

兩人熟識之後，黃鴻隆知道，許國忠在研發上投注不少成本，便告訴他，根據經濟部的規定，研發支出可以抵稅，減輕納稅的負擔。後來，由於經濟部和財政部對抵稅金額有不同意見，黃鴻隆還協助瑞振提起行政訴訟，成爲中台灣行政法院第一件稅務和解案件。

「黃會計師眞的很熱心，也很專業，我們經常討論公司該如何經營，他會提出很多建議。看他這麼投入，眞的是不努力都不行，」許國忠笑道。

許國忠說，黃鴻隆跟客戶之間的關係都像家人，當這些家族企業內部有糾紛，黃鴻隆會出面調解；由於他說話有分量，大家都服氣，是最佳的和事佬。

二〇一六年，黃鴻隆跟許國忠等一票好友，原本計劃騎單車環島，但由於行前十六天風雨無阻地密集訓練，太過操勞，加上黃鴻

1

爲了完成騎單車環島的心願，黃鴻隆與好友經常相邀練習。❶是黃鴻隆（右）與瑞振工業董事長許國忠（左）一圓騎單車環島夢想並挑戰成功。❷是乃興企業施和仁（右一）董事長，雖未與黃鴻隆一起騎單車，卻是他單車行的最佳攝影師，還爲其出了一本攝影集。

2

隆輸人不輸陣的頑強個性，以至於呼吸急促短暫，最終導致橫紋肌溶解，引發二氧化碳滯留，一個多月後，黃鴻隆陷入第三次昏迷、插管。幾年後，黃鴻隆想要再次圓夢，也是許國忠陪伴他繼續訓練。

黃鴻隆由於脊椎側彎，胸腔受到壓擠，必須長期睡在一種俗稱「鐵肺」的負壓呼吸器裡。由於「鐵肺」體積大，攜帶不易，許國忠無時無刻不在想，難道不能夠把它轉變爲可攜帶的方便型嗎？於是又發揮他的專長，自掏腰包，一方面在自家工廠研發開模，一方面委託學術機構研發開模，方便比較。經過多年的研發改進之後，終於爲黃鴻隆研發了輕便的「舒眠腹養機」，也開啟了許國忠第二春的輔具事業。兩人情誼深厚，是更勝家人的。

爲企業主打開學術之門

爲了營造更健全的財經、法律環境，二〇一一年，黃鴻隆率先捐出兩百萬，號召成立「公益信託誠品法務會計研究發展基金」，短短幾天，就有四名企業家響應，達成初期一千萬的基金規模。其中一位，便是黃鴻隆的客戶兼好友，合正巨霸集團總裁蕭義明，商標是「PUMA」。

提到「PUMA」，很多人首先聯想到的是運動品牌。事實上，在全球空壓機市場上，也

黃鴻隆長期陪伴及輔導中台灣企業，提供經營與財務訊息，也經常參與企業主公司內部的活動及對外展覽。❶是與彥豪金屬副董事長蔡賜芳（左）在南港展覽館會場討論產品細節。❷爲參與合正巨霸集團三十週年慶。

有個品牌叫作「PUMA」，就是來自台灣的合正機械，成功行銷全球逾一百四十國，在中國「PUMA」的產品及品牌，被評比爲第三名知名品牌（第一名「Ingersoll Rand」，第二名「Atlas Copco」），廣泛用於農、工、礦、交通、航太、醫療等產業，競爭力強大，獲譽爲「有太陽的地方，就有PUMA」。

創辦人蕭義明是農家出身，從小在家中幫忙農務，初中二年級就想好要創業，要用「PUMA」品牌推展農業機械化，因此放棄台中二中及台中高工非機械的科系，一九六九年九月重考沙鹿高工機械科第一屆建教合作班，三年皆自力更生半工半讀，畢業後他先跟著黑手師傅學做模具，接著考上現在的亞東科大機械系，並自該校畢業。退伍後在蔣氏企業機械廠裡，學習熱處理技術及採購，後來當上董事長特助。創業前還特別到台大熱處理班學習，堅強的機械專業實力，爲合正成爲隱形冠軍企業奠定了基礎。

多年前，蕭義明出席了一場由當時彰化縣縣長翁金珠主持、討論縣政的會議，黃鴻隆正好坐在他身邊。蕭義明對這位撐拐杖的會計師十分佩服。他當眾捐出一百萬元整頓街景，也讓黃鴻隆對他印象深刻，兩人一見如故。

爲了表示支持，合正原本的會計簽證是委託台北的會計師，後來就轉給黃鴻隆負責。黃鴻隆熱心幫企業解決疑難雜症，蕭義明也獲益良多。舉例來說，合正從事國際貿易，外匯操作時，交割的時間點較不易拿捏，黃鴻隆便傳授外匯避險的方式，不必擔心匯率變動，侵蝕本業的獲利。

蕭義明是技術出身，從一人企業開始做起，公司經營都是靠自己摸索。黃鴻隆除了提供諮詢，也建議蕭義明繼續進修。在黃鴻隆的推薦下，蕭義明進入東海大學會計系EMBA就讀。

東海大學會計系EMBA的課程涵蓋面廣泛，不論是西方管理學的平衡計分卡、企業評價、組織行爲、公司治理，或是東方經典如《易經》、《孫子兵法》，都讓沒有商學背景的蕭義明茅塞頓開，釐清了很多之前經營公司時的疑惑。光是一個《孫子兵法》中「亂而取之」的概念，他就可以利用課堂的休息時段，及時掌握住全球金融海嘯中的商機，入主花旗銀行股票，爲他賺進了數百萬美元。

黃鴻隆是引路人，爲他打開了學術之門，視野變得更開闊，蕭義明內心充滿感謝。

隱形冠軍企業的智庫、軍師、知己

事務所成立三十多年來，黃鴻隆無時無刻不在思考，該如何幫助這些企業更上一層樓。

隨著企業展開傳承接班的布局，黃鴻隆先是成立了大有家族辦公室，之後又與喜來登飯店創辦人之女米茲·柏杜合作，將她那本經典級的《百年家族企業永續傳承心法——家族治理執行清單》編譯成中文出版，爲企業傳承接班提供了具體可行的實戰指南。

受到黃鴻隆的啟發，這些隱形冠軍企業都陸續啟動傳承接班計畫，延續「篳路藍縷，以啟山林」的創業精神，邁向家族企業永續經營。

每一個隱形冠軍企業，都是一個台灣向前走的典範。黃鴻隆不只是客戶的會計師，還是他們的智庫、軍師、知己，在他的陪伴和協助下，企業家們以強大的競爭力，稱霸全球市場，讓世界刮目相看，成爲台灣的驕傲。

他們眼中的黃鴻隆

黃秀英 益張實業董事兼新秀家居總經理

認識黃會計師是一場因緣際會。我有位學長是黃會計師的客戶，多次跟我提起會計師，說他對人很好，很照顧中部的中小企業主，提供很多專業建議。學長說會計師身體不好，知道我在做天然有機的地中海料理，很希望可以每天送給會計師吃，但不太可行，所以邀請黃會計師來我這邊學做地中海料理，幫助調養身體。

當時我很好奇，怎麼可能有「客戶」對「廠商」這麼好，跟黃會計師碰面之後，我才發現他真的是一個很棒的人。他是少數我見過邏輯非常好的會計師，會透過財務數字來分析企業的經營績效，進而提出決策管理的建議，我們很有話聊，經常互動，我跟夫婿還邀請黃會計師擔任益張的獨立董事。

眞正讓我們的關係從談得來的朋友，變成像家人一樣，是有一次我跟黃會計師開會開到一半，他突然流鼻血，我們馬上找救護車，而我因爲擔心他會不會有生命危險，當下決定跟著救護車陪同就醫，起初送到二林基督教醫院，在急診室等了十分鐘，因爲沒有耳鼻喉科醫師，只能先進行簡單處理，後來轉到彰化基督教醫院。

黃會計師自己很清楚，流鼻血是因爲帶著呼吸器，造成鼻腔黏膜敏感，但當時急診醫師不清楚，想幫他插管，黃會計師拉著我，要我幫忙聯繫熟悉的醫師來協助處理，這才解除了警報。

在救護車開往醫院的過程中，因爲黃會計師的血壓一直降低，我看得出來他很緊張，在旁邊安慰他不要緊張，後來他談起此事，很感謝我，覺得我就像他的親人一樣令他安心，也認爲如果我沒有跟上救護車，讓醫師做了錯誤的治療與處理，說不定會發生更嚴重的後果。

益張在創業之初，就已經決定效法德國的隱形冠軍企業，專注於關鍵技術的研發，不考慮擴張版圖大陸。同時，我們也一直觀察歐洲家族企業的發展以及傳承議題。這與黃會計師近年來關心的面向不謀而合，我們經常對此交換意見，黃會計師爲了倡議家族傳承理念，不僅出書，還成立基金會，我也會運用自己的人脈，協助他一起推動理念，爲台灣社會及中小企業主做出貢獻，我覺得十分有意義。

我很佩服黃會計師，他是少數我看過有能力的人，可以自己過好日子，卻因爲想幫助別人而出錢出力，我深深被他感動，也盡我所能提供協助，讓台灣的家族企業能如同國外一般，邁向基業長青。

第九章

站上舞台，盡情發揮

基層助理躍升爲事務所高階經理人，
律師找到事業的另一片天空，
畫家成爲企業傳承的推手……
在黃鴻隆打造的舞台上，
每位同仁都能發光發熱。

生命，對黃鴻隆來說，就是不斷發掘自己、創造舞台的歷程。

在父親的安排下，黃鴻隆回到彰化執業。他不甘於當個平凡的會計師，做著每家事務所都能提供的記帳業務，安安穩穩過完一生。

衆所皆知，會計界有「四大」事務所，黃鴻隆期許自己成爲「小四大」。事務所成立沒多久，他就取消記帳，以審計爲主力。出於正義感，他幫在地廠商打行政訴願，開始鑽研法律。

一九九七年起，亞洲發生金融風暴，中部許多傳產企業應聲而倒，黃鴻隆也投入了企業重整。每一個重整案，牽涉的層面很廣，他埋首海量資料，拜訪衆多銀行，累積了更多人脈，視野跟格局也更上一層樓。

時間流逝，黃鴻隆長年合作的企業，逐漸邁入了第二代接班。爲了協助這些企業建立傳承制度，黃鴻隆繼續升級自己，成爲家族傳承的專家。

黃鴻隆是個非典型的會計師，或者說，無法用會計師去定義他。只要企業主有需求，不論是財務面、法律面、管理面，他都能提出解決方案。黃鴻隆是客戶的會計師，同時扮演法律顧問、心靈導師等角色。

行動不便，還曾經肩負巨額債務，黃鴻隆這條路走來並不容易。然而，他也向世界證明，只要有企圖心，願意爲了達成目標付出所有心力，就可以找到發光發熱的舞台。

黃鴻隆不只對自己有很高的要求，也鼓勵事務所的同仁，只有不斷提升自己，才能站上舞台，盡情發揮。

從基層做到高階經理人

誠品聯合會計師事務所彰化分所目前有三位高階經理人，除了黃鴻隆，另外兩位都是從基層做起的同仁，這兩位都沒有會計師資格，但卻無礙他們的升遷。

高階經理人之一的姚淑惠，一九九三年加入事務所的她，目前擔任協理，是事務所裡資歷最久的員工。

姚淑惠在專科念的就是會計，當初在同學的介紹下來到事務所。她原本的規劃是先到事務所歷練個幾年，再進企業服務，後來同學因爲個人因素離開，而她一待就是三十年。

放手去做，有老闆當後盾

由於工作繁重，各大會計師事務所的流動率都很高。姚淑惠在事務所第三年，就已經是最資深的員工，黃鴻隆希望她能接下管理職。

一開始，姚淑惠還有點擔心，黃鴻隆鼓勵她：「不用怕，我當妳的後盾，妳就放手去做。當然，發現狀況不對時要告訴我，不要傻傻踩到危險裡頭去。」黃鴻隆不只是在口頭上支持，還找來學長李清音的太太黃秋金幫忙，姚淑惠對於事務所的管理也逐漸得心應手。

黃鴻隆希望姚淑惠可以跑業務，但她自認個性內向，態度不是很積極。黃鴻隆便要姚淑惠幫忙跑在地的社團活動，像是彰化IMC國際工商經營研究社、彰化企業經營研究協會等，甚至建議她去打高爾夫球。不知不覺中，姚淑惠的社交能力大有進展，甚至樂在其中，「現在要我整天坐辦公室，反而不習慣了，」姚淑惠笑說。

姚淑惠直言，參加社團、打高爾夫球，通常都是企業負責人從事的活動，黃鴻隆卻樂意把機會給她，提供她建立人脈的資源。

黃鴻隆熱愛學習，即使工作忙碌，仍回東海大學念EMBA，後來還去中興大學念法研所。他也督促著事務所同仁再進修，姚淑惠就是在他反覆叨念下，去讀了逢甲大學的EMBA。

黃鴻隆相信學習的力量，透過學習提升自我，才有能力爲客戶解決各種疑難雜症，自己也可以獲得很大的成就感。

「在這家事務所，我可以一待三十年，因爲黃會計師一直會帶進新的東西，很有挑戰性，」姚淑惠說。

在事務所找到歸屬感

一九九八年加入事務所，目前也擔任協理的顏杏芬，是事務所的第三名高階經理人。「事務所是我工作上的家，黃會計師則像是我工作上的父親，」顏杏芬感性形容。

這位「父親」要求嚴格、個性急躁。顏杏芬舉例：「早年黃會計師不會電腦輸入，都是手寫之後交給工讀生打字。他經常是交辦不到五分鐘，就問打好了沒？」黃鴻隆不只要求

就讀東海大學會計系EMBA時，黃鴻隆參與班上迎新活動，與同學們培養了深厚的情感。

我的心裡始終未曾放棄理想。不管是爲人或處事，總是懷抱著「態度決定高度、格局決定結局」的心胸與氣度。

速度快，書面資料的排版也需盡善盡美。工讀生經過他的洗禮後，在學校交出的報告也備受表揚。

黃鴻隆就像總是嘮叨女兒要好好讀書的老爹，提醒顏杏芬再念個學位，充實自己。顏杏芬被他說動，便在雲林科技大學念了EMBA。

「念二專時，懵懵懂懂，也不知道自己在念什麼。這次重返校園讀書，感覺腦袋好像被打開了，」顏杏芬透露，以前遇到困難就卡住，念完EMBA後，她開始思考，該如何找出解決方案。

黃鴻隆認爲顏杏芬從事工商登記業務，如果對法律條文有更深刻的見解，可以爲客戶提供更好的服務，就拉著她一起去念中興大學法研所。

「其實，我就是陪老闆讀書的小書僮，」顏杏芬笑道。不過，她順利完成論文，拿到法研所的碩士學位，成爲會計、法律的跨領域人才，沒有辜負黃鴻隆的殷殷期待。

在顏杏芬眼中，黃鴻隆聰明、自負，而且勇於接受挑戰，「遇到困難，他一定想方設法，找出解決之道。」

黃鴻隆經常是透過實戰，帶著團隊練兵。以破產管理爲例，一開始，包括黃鴻隆自己都沒經驗，就帶著顏杏芬，從規模比較小的案子做起。做完一個案子，累積了經驗，再挑戰更難的案子。如今顏杏芬已經可以獨當一面，承接上市公司的破產管理。

多年來，黃鴻隆一直鼓勵事務所同仁在職進修。漸漸地，顏杏芬可以體會黃鴻隆的用心良苦。「當你的能力提升了，就可以負責更複雜、困難的工作內容，完成後的成就感也會更高。工作不再是單調的例行公事，而是可以盡情揮灑的舞台，」顏杏芬說。

因「法」結緣，成莫逆之交

二〇二一年，誠品來了一位新任總經理林民凱。他的身分有點特別，不是會計師，而是律師，而且還不是一般的律師，是一位擅長魔力謀略、有溫度、能帶人，有著「菩薩心腸、霹靂手段」的非訴民商大律師。

林民凱是彰化人，在公家機關服務多年，曾是陳定南部長、蘇貞昌縣長的愛將。早年在北部上班，後來回到故鄉服務，在彰化縣政府法制處擔任法制科科長。黃鴻隆在彰化縣擔任了八年的訴願審議委員會委員，所以雙方就有比較多的時間接觸。

由於誠品的辦公室距離縣政府很近，正在中興大學法研所進修的黃鴻隆，經常來找他討論法律問題。年紀相差十五歲的兩人成爲莫逆之交，林民凱視黃鴻隆爲大哥，黃鴻隆也很欣賞他這個小老弟。

「黃會計師會說，他一生可以毫無條件地爲兩個人作保，其中一個就是我，」林民凱透露，兩人信任感之深，可見一斑。

擔任公職十三年後，林民凱辭掉工作，除了當執業律師，也在大學兼任助理教授。黃鴻隆的強項是財務會計及財經法律，是典型的斜槓專業人士，事務所與衆不同的核心能力及業務，也都集中在這個跨領域上面。所以黃鴻隆力邀他加入事務所，也就是要借重他的專業、人脈，以及與衆不同的謀略暨溝通能力，爲衆多企業扮演好政府與民間的橋梁。

「中部很多『隱形冠軍』都是黑手出身，不懂得治理公司。如今逐漸進入二代接班，公司的制度必須完善，才能順利傳承下去，」林民凱舉例，爲了避免核心技術、製程外流，勞動契約中必須列入保密條款，或是爲企業研發的模具申請專利權，這些都是企業可以做而且應該做的最基礎法律工作。

「黃會計師跟這些客戶都有二、三十年的交情，他們將黃會計師視爲家人，黃會計師也努力爲他們鋪一條路，通向更健全的未來，」林民凱說。

「黃會計師做事看大方向，會給同仁獨立作業的空間。不過，他希望快點看到結果時，員工便會承受很大的壓力，」林民凱觀察。

林民凱在黃鴻隆身上看到兩種不同的面向。一方面，他像個父親，將所有的資源都挹注給事務所的同仁；另一方面，又保有赤子之心，不計成本也要追逐夢想。

林民凱認爲，以黃鴻隆現在的成就，其實可以好好休息，頤養天年。然而他還有很多夢想，希望用自己的故事，鼓舞所有身陷逆境的人。

二〇一七年，黃鴻隆經歷了人生第三次嚴重的昏迷。雖然幸運撿回了生命，卻從此必須依靠呼吸器維生。然而，他絲毫沒有放慢追夢腳步的意思，反而更全力投入。

量身訂做的「藝文總監」

黃鴻隆的英文名字叫Bruce（布魯斯），事務所同仁私下爲他取了個諧音稱號「不務實」。因爲他不受既定框架的限制，經常有出人意表的不一樣想法。比如說爲回鍋的老員工張燕淑，量身訂做了「藝文總監」這個職位。

張燕淑商科畢業，早年擔任過黃鴻隆的祕書。上班沒幾天，她就想打退堂鼓，因爲黃鴻隆很嚴厲，會從辦公室裡丟卷宗出來。加上對數字毫無興趣，最愛的還是美術，因此在事務所待了約三年就決定離開，並選擇傾聽內心的聲音，開了家「小牧童才藝創作坊」，教小朋友畫畫，自己也開始創作。

黃鴻隆爲誠品同仁創造舞台之餘，閒暇時也會一起出遊同樂。❶是參加員工烤肉活動。❷是與誠品聯合會計師事務所總經理林民凱（後排左一）一起爲乃興企業董事長施和仁夫婦（後排右二及一）的女兒施雅文（前排左一）慶生。

雖然離開事務所，張燕淑對於這位昔日的老闆，還是很關心。二〇一七年年初，黃鴻隆因爲二氧化碳滯留而陷入昏迷，住院兩個月。黃鴻隆出院後還是需要靜養，張燕淑有空就去探望，看看有什麼幫得上忙的地方。

居家靜養期間，黃鴻隆心生學畫的念頭，在張燕淑的指導下，陸續完成一些作品。雖然之前沒學過畫，黃鴻隆憑著天生的美感，畫作還是有模有樣。不過，隨著身體漸漸康復，工作又成爲他的生活重心，畫筆就暫時擱下了。

以油畫美學傳承企業精神

黃鴻隆找張燕淑回事務所上班。起初，她也納悶：「我既不懂會計，也不懂法律，我回事務所能做什麼？」黃鴻隆交辦給她的工作，就是油畫玉山。

黃鴻隆是台灣中部衆多「隱形冠軍」的堅強後盾，他對客戶的服務，也從會計、稅務、法律層面，發展到協助企業傳承的層次。除了財務、制度面的建置，黃鴻隆也希望將企業家白手起家的開拓精神，傳承給第二代。

張燕淑的油畫，是以台灣玉山爲創作載體，以春夏秋冬四季爲時間軸，描繪創業家一生每一個動人的時刻，承載其創業過程中，每個當下的悲、苦、喜、樂，並將溫熱的淚與

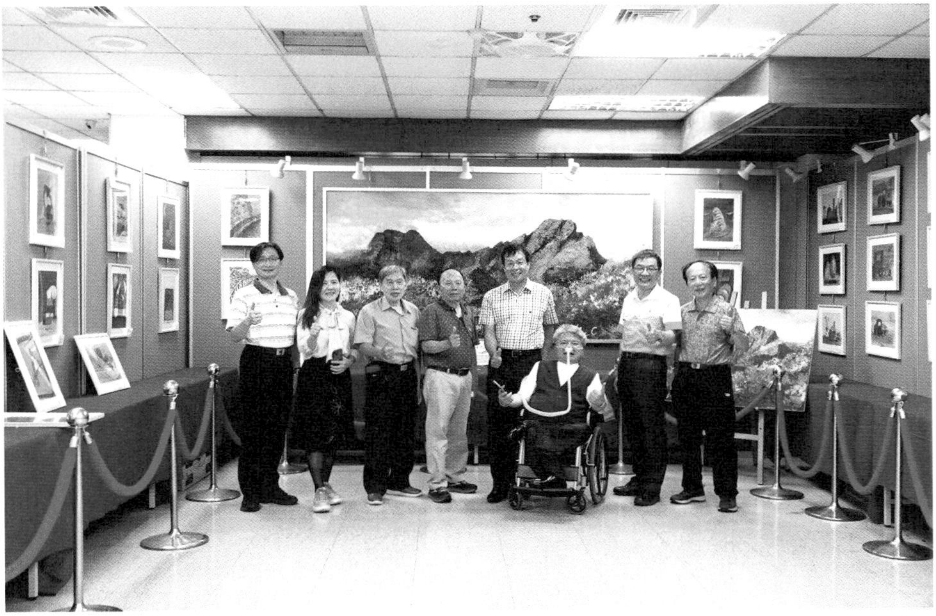

黃鴻隆創辦的大有家族辦公室，協助企業透過藝術，領悟家族企業的經營之道，圖中玉山春曉（油畫270cm*127cm）作品，是由大有家族辦公室藝文總監張燕淑（左二）所創作，目前已有企業主典藏。

圖中由左至右：彰工圖書館主任林全財（左一）、大力卜工作坊總幹事李國信（左三）、彰工退聯會會長廖再發（左四）、立督科技公司董事長鄭金郎（左五）、大有家族辦公室創辦人黃鴻隆（左六）、彰工校長石文傑（左七）、彰工退聯會輔導會會長李加恩（左八）。

黃鴻隆重視整潔及形象，也希望員工對外呈現專業素養，所以早期讓同仁們自主製作喜愛的制服。

汗，化為生命之河，沁心回甘，傳承給他的下一代或是接班人。

在畫布中，將創業家的精神結合玉山的風景，期許接班的第二代能夠效法上一輩的勇氣和毅力，帶領家族事業更上一層樓。

黃鴻隆對張燕淑的期待很高。因為他的鼓勵，張燕淑去彰化師範大學念EMBA，論文主題是〈油畫美學與家族治理——以油畫美學傳遞家族企業精神為研究核心〉。黃鴻隆經常提醒張燕淑，要多充實藝術史內涵，以創新的角度建立起方法論，未來才能獨當一面。

「黃會計師是個左右腦平衡的人，有哲人的思維，也有會計師的理性、企業家的特質，以及生意人的頭腦。他把同仁視為孩子，教我們擺脫框架，學會行銷包裝，創造並提升價值的概念。黃會計師不僅成功經營自己，更看見了企業接班傳承的問題，長期在這個領域投注心力，希望能帶來改變，我個人非常感佩，」張燕淑說。

化作春泥更護花

在會計師事務所設置「藝文總監」一職，為企業家繪製油畫，傳承家族企業精神的，全世界大概僅此一家，別無分號。黃鴻隆以跳脫傳統的思維經營事務所，比別人更早開始研究擴展專業的可能性，不會局限於傳統會計師產業，擴大服務客戶的格局，是他成功的關鍵。

這幾年，黃鴻隆專注於家族事業傳承與接班的議題，而他成立會計師事務所近四十年，同樣也面臨傳承交棒的考驗。

「『落紅不是無情物，化作春泥更護花』的情懷深繫我心，而屈原那『路漫漫其修遠兮，吾將上下而求索』的千年呼聲，更是時刻喚醒我身上的每一個細胞，要我在人生路途上，上下求索，」黃鴻隆說。

基層助理躍升爲事務所的高階經理人，律師找到事業的另一片天空，畫家可以成爲企業傳承的推手……，黃鴻隆把每位誠品的同仁都當作自家人，用心爲他們創造舞台，因爲他相信「我可以，大家也可以」。黃鴻隆身爲事務所的大家長，他有責任，也有義務，帶領團隊走向更輝煌的未來。

他們眼中的黃鴻隆

許恩得 東海大學ＥＭＢＡ主任

東海大學會計系ＥＭＢＡ是由我創立，第一屆收了十名學生，黃會計師是其中之一，他的同學還包括了資誠聯合會計師事務所台中所所長、新天地餐飲集團總經理，可說是人才濟濟。

從我認識黃會計師以來，他就是非常熱心學校事務，會計系第一任系友會的會長就是他。系上需要他幫忙的地方，他二話不說，一定相挺。

二〇〇八年，當時擔任系主任的我，推動東海會計系的改革，將四年的課程壓縮在三年上完，第四年則進職場實習，幫助清寒學生提早圓夢。起初，不是每位老師都支持改革，於是我就請黃會計師集系友之力，跟老師們溝通後，終於推動實習制度順利上路，在當時是一大創舉。

黃會計師是生命的鬥士，他發揮生命力量的故事，很多人都知道了。從我的角度，看到的是他重情義的一面。他是典型的「受人點滴，湧泉以報」，他認爲學校、師長惠他良多，總是慷慨回報。多年來，他贊助會計系的捐款大概接近千萬元，他成立的中華法務會計研究發展協會，經常跟系上辦活動，引薦重量級人物來演講。從硬體到軟體，都可以感受得到他回饋學校的用心。

東海ＥＭＢＡ現在規劃了二代班，我們也請黃會計師來授課，希望藉由他豐富的專業知識以及實戰經驗，爲東海大學培育更多優秀的人才。

第三部

走過人生的幽谷

第十章

挺過五次手術

爲了避免脊椎側彎惡化，
黃鴻隆決心開刀，接受矯正，
歷經五次重大手術，
他始終樂觀面對，享受期待，
是堅強而勇敢的生命鬥士。

不論是哪一部〇〇七電影，哪一任詹姆斯·龐德，男主角一上場，從頭到腳，穿的戴的，都必須符合一個標準——有型。

身爲執業會計師，黃鴻隆一路走來也很在乎有型。即使是撐著拐杖，見客戶時也必定西裝筆挺，手提〇〇七公事包。他不會抽菸，爲了造型帥氣，還是會隨身帶香菸，「而且必須是長菸才夠紳士，短菸太牛仔風。」

既然帶了香菸，當然少不了打火機。黃鴻隆會精選奢華感十足的都彭（S. T. Dupont）打火機，還會根據不同場合，擦不同的古龍水，對於自己帶給人的印象，非常講究。

因爲黃鴻隆的脊椎嚴重側彎變形，所以身材自然就比較矮小，愛漂亮的他，難免引以爲憾。黃鴻隆返鄉執業的第二年，某位留學日本應慶大學的醫師朋友，建議他可以接受脊椎側彎矯正手術。

醫師告訴他，如果脊椎側彎的毛病持續惡化，五十歲之後，他就極可能撐不住拐杖，而且，隨著背愈來愈側彎，胸腔長期受到擠壓，將可能因爲呼吸困難而危及生命。現代醫學成熟，透過矯正手術不但可以改善脊椎側彎，還能拉高身形，變得更帥氣。

不論是從延續生命的角度，還是從外觀改善的效果來看，這項手術對黃鴻隆充滿吸引力。他相信，經過手術的改造，他必然可以會脫胎換骨，成爲「男人中的男人」。

對矯正手術充滿期待

黃鴻隆開始物色可以從事脊椎側彎矯正手術的醫師。他有兩個人選，其中一位是仁愛醫院的尤耿雄醫師，另一位就是台大醫院的陳博光醫師。

陳博光醫師是禿頭的，臉頰容光煥發，很得黃鴻隆的醫生緣。他記得外祖父曾說過「先生緣，主人福」，動這樣的手術是件天大地大的事，找個有福相的醫師，比較心安。所以看了兩次門診後，他就決定請陳醫師爲他動手術。

黃鴻隆脊椎側彎超過一百二十度，算是非常非常嚴重的患者，在手術矯正上的難度也就非常非常高，加上開刀當時黃鴻隆已經三十一歲了。這樣的彎度，這樣的年齡，要開這樣的刀，風險當然不小。事後每次黃鴻隆回診時，陳博光醫師也總是摸著自己的禿頭，嘆說：「明知不可爲而爲之！」

家人對他的大膽決定，也感到無比憂心，父親更是常常喃喃自語：「鴻隆，這個決定不曉得對不對？」不過，黃鴻隆只要做了決定，便很難動搖。一想到手術成功後，駝背可以消失，身形拉長，黃鴻隆的內心就充滿期待。

一九八七年十二月一日，黃鴻隆被推進開刀房，這是他人生第一個手術。

護士推著他前往開刀房。一般人首次動手術，難免會露出緊張不安的神情，黃鴻隆卻是一臉喜色，甚至懶洋洋地打了個哈欠。護士好奇地問他：「黃先生，你眞的不害怕嗎？」黃鴻隆搖搖頭：「不會耶！」

他是個活在當下的人，在那一刻，他的心思完全不在手術本身，而是手術後，自己穿上西裝，英俊挺拔的模樣。

不過，手術的發展，跟他當初想像的不太一樣。手術結束後，黃鴻隆緩緩從麻醉中醒來，陳醫師出現在病床前，向他解釋：因爲他脊椎側彎的狀況比較複雜，手術需要分幾次

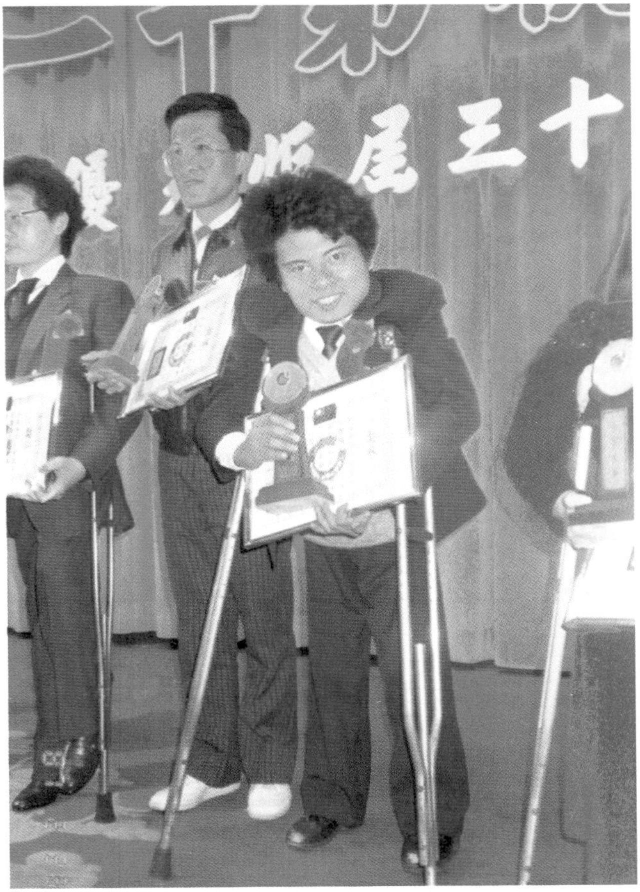

1987年進行第一場手術前，黃鴻隆獲頒十大炬光青年獎。

完成。第一次手術是拿掉兩根肋骨。

休養了一段時間，黃鴻隆陸續又開了兩次刀，第二次是開腰椎、骨盆椎，第三次則是開最困難的頸椎和胸椎，因爲這一部分是眞正側彎的地方。兩個多月內，前後完成了三次手術。

手術後黃鴻隆急切地問陳醫師，究竟矯正了多少度數？學會計出身的他，三句話不離本行，陳醫師也是明白人，就淡淡地回了一句：「開刀跟會計不一樣，不是一加一等於二，該矯正多少度數最恰當，只有上帝知道。我絕對可以把度數矯正到零，但你的五臟六腑絕對適應不了這麼大的變動……」

醫師將他彎曲的脊椎撐開後，植入一條金屬支架，做爲固定脊椎之用。

支架斷了，重新來過

黃鴻隆以爲手術告一段落，回到彰化，可以繼續爲事業打拚。不料一年後，因爲脊椎彎曲幅度太大，支架承受不住壓力而脫鉤，不得不再進開刀房，解決支架的問題。醫師說這種狀況非常非常地少見，結果他碰到了。

命運的狙擊，總是突如其來，讓人措手不及。

不管做什麼事，都要有高度熱忱，只有了解自我、熱愛生命的人，才會去經營生命。

一九九〇年年底，黃鴻隆的外祖母突然診斷出罹患肺癌，進了桃園醫院。在外祖母養育與呵護下長大的他，滿腦子只有一個念頭：「我一定要把阿嬤救回來。」

黃鴻隆撐著拐杖，在醫院忙裡忙上忙下，跟醫師討論病情，又提醒家人要好好照顧外祖母。他像個陀螺似的，不斷地打轉，突然身體感到異樣，當下他就知道：「支架又斷了。」這下子非同小可，黃鴻隆再度被送進台大醫院，進行了第五次手術。

相較於前四次手術，這次算是大手術，取出斷掉的支架，敲掉之前填補的骨片，重新裝上支架。手術進行了整整十二小時。

這裡面有一個小插曲，就是之前所有的脊柱植入器（spinal implants，也就是支架），是用哈靈頓桿（Harrington rod），這次的手術是在一九九〇年二月份，陳博光醫師也已從法國考察研究回來兩年了，因此建議黃鴻隆改用CD桿（簡稱 CD-I）。C和D兩位都是法國脊椎名醫。由於矯正效果及術後照顧簡單，脊柱穩定度大爲提高。

一時之間，黃鴻隆的確陷入了抉擇的困境。一者是這種器材剛引進台灣沒多久，二者是費用並不便宜，三者是家裡還有一大堆負債尚未還清。他考慮再三，還是違背了自己的心意，選擇原先用的哈靈頓桿。

這場手術，讓黃鴻隆元氣大傷。為了避免支架再度斷裂，醫師建議他，不要再撐拐杖走路了。從此以後，黃鴻隆都是靠輪椅行動，也告別了原先陪他走南闖北的山葉YAMAHA三輪摩托車生涯。

勇敢面對，享受期待

兩年三個月內，黃鴻隆開了五次刀，每次輸血都超過三千cc。從第一刀開始，黃鴻隆來回進出開刀房，外人看起來身心必然經歷了不少折磨，但他看的是術後讓他美麗的未來，所以他說他是在享受期待。

黃鴻隆的妹妹黃惠美還記得，術後的二哥，躺在病床上，顱骨打著鋼釘，為了把身體拉直，腳上還綁著矯正帶（包裹著沙包）；為了避免兩腿彎曲，膝關節上再壓著沙包，看護的人得隨時注意沙包有沒有滑落。

他的模樣，旁人看著都感到十分難受，更不用說病人本身承受了多少煎熬。但是黃鴻隆從不喊苦，反而是樂在其中，「我二哥真的是個很勇敢的人，」黃惠美由衷佩服。

過程中還有另一段小插曲，那就是躺在病牀上的他，身旁並沒有英文字典，為了能夠

黃鴻隆一家人感情深厚，在病危時多虧有家人的支持與陪伴，才能度過重重難關，圖爲黃鴻隆的大妹、大嫂、爸爸、媽媽、阿姨、小姑。

仔細聽懂醫師及一大堆跟班，彼此交談的專業術語是什麼意思，黃鴻隆竟然跟醫院借了一本有關脊椎的英文雜誌來看，而且博學強記，把有關脊椎的醫學術語都牢牢記在腦中。可以看得出來他的毅力之強，世所罕見。他是一個很清楚，自己要的是什麼的人。

黃鴻隆的手術，也是全家的大事。「爸爸、媽媽操心，哥哥、弟弟、妹妹大家都關心，」妹妹黃惠美形容。

當年還沒有全民健保，也沒有外籍看護，從醫藥費的籌措到術後的照顧，幾乎都是全家人齊心協力完成。黃鴻隆住院期間，母親是主要的照顧者，病床下有張可以拉開的木板床，就是她晚上睡覺的地方；至於黃惠美，則是幫忙跑腿、處理瑣事，或是陪哥哥聊天。

開聯結車的司機

在家人陪伴下，意志力堅強的黃鴻隆挺過了五次手術的考驗。由於他已經無法撐著拐杖行動，所以術後不論是拜訪客戶，或是處理私事，司機蘇文國都扮演不可或缺的角色。

蘇文國工科畢業，退伍後開了三年多的聯結車，雖然收入不錯，但風險也高，在家人的建議下，轉換跑道，來到事務所擔任黃鴻隆的司機。

在這之前，黃鴻隆大概一、兩年就要換一位司機。這麼多位司機當中，有失業的大老闆、有準備考大學的青年、有待職換跑道的人，可以說各路英雄都有。有的人受到黃會計師的影響，大學畢業後也成了全國知名的律師。

從一九九六年三月就職算起，蘇文國在事務所服務已超過二十七年，算相當資深的員工。有時候人就是這麼奇怪，相愛容易相處難，蘇文國是開聯結車的，細緻度自然無法跟以前的那些司機相比。不過他身高體壯、非常準時、從不會開快車，所以反而待得最久。平日，他除了爲黃鴻隆開車，幫忙安排行程，同時還兼任電腦硬體維修的工作。

蘇文國解釋，之前他在辦公室待命時，座位鄰近的是ＩＴ人員，他在耳濡目染之下，也學會電腦的修理、組裝。黃鴻隆電腦方面的疑難雜症，也會問蘇文國。

來自香港的噩耗

多年來，蘇文國陪著黃鴻隆四處征戰，見證他處理各種重整案，跟律師合作，幫客戶打行政官司，還有成立公益基金，經常舉辦法務會計研究相關的研討會，化解財經爭議，提升行政效率。

「黃會計師非常專業，每一個案件，他都會研讀大量資料，深思熟慮，事先想好布局，預留後路，案件通常都能順利解決。有些棘手的案件，旁人都認爲不太樂觀，黃會計師就是能夠起死回生，」蘇文國透露。

黃鴻隆是個急性子的人，他交辦的事，必須在最短時間內完成，重視效率的作風，數十年如一日。不過，隨著蘇文國摸索出相處之道，逐漸累積默契，因此能夠追隨至今。

共處超過二十七年的漫長時光中，還有一段經驗，蘇文國也印象深刻。一九九七年，就在他任職沒多久，黃鴻隆去上海財經大學念會計所。原定返台那一天，蘇文國前去接機，人沒等到，卻收一個壞消息：黃鴻隆在香港轉機時，陷入昏迷……

他們眼中的黃鴻隆

黃鴻賓 黃鴻隆的弟弟

我跟二哥差六歲，小時候每年寒暑假，爸媽都會帶我們到桃園看二哥。阿公、阿嬤家附近有田，我記得我們都會一起去抓青蛙、抓魚，因爲二哥身體的關係，我們都會比較呵護他，凡事也會多讓著他。

阿公、阿嬤對二哥十分照顧，幫他準備好一切生活所需，二哥也很孝順，阿公不會講國語，看電視的時候二哥都會在旁邊翻譯給他聽。

我跟二哥血型相同，印象中他第一次開刀是在四十年前，那時候狀況很危險，輸血量高，我在旁邊備戰，隨時準備輸血給他。

二哥個性執著，只要立定志向，想做什麼事就一定可以完成，雖然我們兄弟間比較少聊到心裡話，加上我二十多歲就到美國念書、工作，相處時間也因此變少，不過我們還是默默關心著彼此。

黃惠美 黃鴻隆的妹妹

我和二哥年紀相仿。小時候，他住桃園，我住彰化，因爲沒有生活在一起，不是很親近，只知道他是我的兄長。

他回彰化開會計師事務所後，我們才開始熟稔起來。早期事務所人力不足，有空我還會充當司機，跟著他拜訪客戶，有機會在車裡聊聊天。那陣子，我經常到事務所串門子，跟裡頭的同事都很好。媽媽煮了好吃的，也會做成便當，送到事務所給二哥。那段時期其實很平淡，現在想起來卻十分幸福。

後來，我到美國發展，兄妹雖然各據天涯一方，託三C科技之福，我們經常視訊聊天，分享的內容包括生活、新聞、人生觀、哲學、歷史……，即便彼此的看法、價值觀不同，我們都能互相包容。現在，可以說是我跟二哥相處得最愉快的時光。

我眼中的二哥，勇於接受挑戰。愈困難的事，他愈覺得有趣，愈想去挑戰。別人批評他，他也不太放在心上，這一點非常難得。有時候，我希望二哥可以平凡一點。但是沒辦法，他天生就是個不平凡、非常獨特的人。

第十一章

生死交關，貴人相救

黃鴻隆因昏迷送進秀傳醫院，
遇上蒞院演講的呼吸治療權威王家弘。
彷彿是上天派來的救星，
守護他走過生死交關的考驗。

亞東醫院的地下一樓，有一間高壓氧中心。電動門打開，一具可容兩人以上的壓力艙出現眼前。潛水夫病、急性一氧化碳中毒、急性氣體栓塞、放射線治療後的組織壞死等，都是高壓氧治療的適應症。

高壓氧中心的幕後推手，是台灣呼吸治療權威王家弘醫師。他在重症醫學界相當有名氣，性命垂危的病人只要經過他的治療，幾乎都能化險爲夷。

三十年前，當他還在台北榮總擔任呼吸治療科主任時，就常受邀到各醫院，以「呼吸治療」爲主題進行演講。

一九九三年三月，王家弘到訪彰化秀傳醫院，院長黃明和告訴他，加護病房有一名昏迷的病人，想請他幫忙看看。

呼吸肌肉過勞

這名病人就是黃鴻隆。當時他三十六歲，正是全力衝刺事業的階段。之前他進行了五次脊椎側彎矯正手術，元氣大傷，但他自恃還是盛年，術後沒有做足調養，就一頭栽進工作。然而，他並不知道，病魔已悄悄潛伏在身邊。

以事務所爲家的黃鴻隆，某天早上起來，發現自己嘴唇、手腳都發黑。他知道事情不太對勁，緊急送往秀傳醫院後，不到半小時就陷入了昏迷，醫院也對家屬發出病危通知。

王家弘一眼就看出問題——呼吸肌肉（如肋骨間的肋間肌和肋骨下方的橫膈膜）過勞，造成缺氧。

黃鴻隆罹患小兒麻痺，下肢無力，引發脊椎側彎，導致胸腔變形，呼吸肌肉必須更賣力運作，才能維持肺部呼吸功能的正常。

人的身體就像是一部機器，運作到了臨界點，就容易出現故障。黃鴻隆的呼吸肌肉長期處於過度負荷的狀態，又沒有好好休息，呼吸時無法好好排出二氧化碳。這些二氧化碳

誠品聯合會計師事務所的春酒邀請主治醫師王家弘（左）、彥豪金屬副董事長蔡賜芳（右）與同仁歡度愉快的新春活動。

堆積在黃鴻隆肺部，妨礙氧氣的吸收，結果就是因缺氧而昏迷。

王家弘的解決方案，既不是藥物，也不是手術，而是讓黃鴻隆可以好好睡覺。

昏睡三天三夜

在王家弘的安排下，黃鴻隆從彰化秀傳醫院轉至台北榮總。他住的是思源樓七樓，這層樓住的都是VIP。當時，黃鴻隆的隔壁房，一邊住的是前總統嚴家淦，另一邊則住著前國防部部長鄭爲元。

黃鴻隆會獲得如此禮遇，其實有實質的需求。因爲他的病房必須夠大，才能擺進一部「鐵肺」。

鐵肺是一種被動呼吸金屬筒，無法自主呼吸的患者躺進這個密封的筒子內，只剩頭部露在外面。隨著幫浦吸入和抽出空氣，病人的胸部就會因爲筒內的氣壓改變，跟著膨脹或壓縮，而達到被動呼吸的目的。

當時全台灣的醫院只有四部鐵肺，榮總有兩部，成大醫院有一部，海軍總醫院有一部。榮總的兩部鐵肺，其中有一部，是爲故總統蔣經國的遺孀蔣方良女士所準備。由於鐵肺的封閉造型，令人有不吉利的聯想，一直沒有啟用。

黃鴻隆住進榮總病房，就睡在鐵肺裡，一睡就是三天三夜，差點沒把母親嚇壞。醒來之後，黃鴻隆感覺自己脫胎換骨，臉上不但沒有病容，甚至還顯得神采奕奕。

王家弘解釋，在鐵肺裡睡覺，黃鴻隆的呼吸肌肉經過充分的休息，又可以正常運作，吸收新鮮的氧氣，因此不藥而癒。

癒後返家後，黃鴻隆每月仍需定期返回北榮，睡個幾個小時，但由於當時還沒有高鐵，這樣的來回奔波也不是很方便，因此在一次門診中，王醫師問黃鴻隆：「我看你的經濟能力應該是付得起，要不要你自己買一部鐵肺？」

由於知道鐵肺的神奇功效，所以人在榮總的黃鴻隆立刻爲自己訂了一部。從此，他的生活就跟鐵肺密不可分。

在香港陷入昏迷

一九九七年，會計師界有人出面揪團，前往上海財經大學念會計研究所。當時正是台商積極西進中國大陸淘金的時代，黃鴻隆也想趁勢將觸角伸向中國大陸，便搭上這班碩士列車。

第一次黃鴻隆自行前往。因爲不可能帶鐵肺過去，便帶了個非侵入式的正壓呼吸器。到了上海，當他正要使用呼吸器時，沒注意到兩岸電壓不同，忘了接變壓器，一插電，呼吸器就壞掉了。

沒睡鐵肺，呼吸器也壞了，黃鴻隆的呼吸肌肉又開始過勞。當時正好是冬天，上海又濕又冷，讓他有點感冒，呼吸狀況更是雪上加霜。

好不容易撐到要回台灣，回程在香港轉機。從上海飛香港時，黃鴻隆隱約覺得不太舒服，便向空服員要了氧氣瓶，一瓶吸完還不夠，又要了第二瓶，抵達香港國際機場時，黃鴻隆已陷入昏迷，被送往香港伊莉莎白醫院急救。

及時獲救，感謝一輩子的恩人

預備接機的司機蘇文國沒等到人，向航空公司詢問後，得知黃鴻隆在香港出事，便緊急通知家屬。家屬聯絡了王家弘，並打算申請國際緊急醫療專機，把黃鴻隆接回台灣，不過王家弘認爲，醫療專機費用可觀，不如他先飛到香港，了解黃鴻隆的病情，評估是否有此需要。

超越了自己、空間與時間的局限，自然沒有過去心、現在心、未來心的區別。

王家弘專程飛到香港，辦了落地簽證，直奔醫院。他認爲，黃鴻隆這次昏迷跟上次原因類似，都是二氧化碳堆積，造成缺氧。黃鴻隆在飛機上吸氧氣瓶，接受了過多的氧氣，反而抑制了呼吸的驅力，二氧化碳無法排出，造成呼吸衰竭。

解方還是相同，就是透過睡眠，讓黃鴻隆的呼吸肌肉獲得休息。香港醫院沒有黃鴻隆的病例，不知道他昏迷的眞正原因。王家弘到病房時，發現黃鴻隆兩眼通紅，原來每次要睡著時，護理師擔心他一覺不起，便趕緊搖醒他，黃鴻隆根本無法好好睡上一覺。

王家弘對護理師說：「他睡著不會有事，你不讓他睡，才會出事。」

香港醫院的外籍醫師觀察黃鴻隆的血壓、心跳，原本認爲不樂觀。不過，在王家弘的指導下，透過呼吸治療，黃鴻隆脫離險境。院方判定他可以出院後，就搭國泰航空班機返台，不必動用醫療專機。

香港的醫院很重視病人的權益，爲了確保黃鴻隆回程中平安無事，特地派了一組醫護人員跟他飛回台灣。由於黃鴻隆必須全程躺著，機艙配合他進行改裝，還延後兩小時起飛。院方告訴航空公司，在這兩小時內，如果病人有狀況，航空公司必須負責，於是航空公司也派了一組醫護人員。他在機場時，等於有兩組醫護人員在照顧他。

上飛機後，黃鴻隆發現，整個商務艙只有他一名乘客，詢問空服員才知道，航空公司爲了護送他，特地把整個商務艙空出來，可以說非常禮遇。

當飛機抵達桃園機場，黃鴻隆不禁鬆了一口氣。如果不是王家弘第一時間飛到香港，指導外籍醫師以正確的方式進行治療，或許就是完全不同的結果。

「王家弘醫師，是我一輩子的恩人，」黃鴻隆發自內心地說。

冥冥之中的緣分

有時候，人與人之間的緣分，有如上天安排的劇本。

因爲脊椎側彎，無法如正常人般呼吸，是黃鴻隆的致命傷，二氧化碳長期堆積，就像是身體裡埋了顆定時炸彈，隨時可能帶走他的生命。

黃鴻隆第一次昏迷住院，正好遇到王家弘前去演講，而他又是知名的呼吸治療醫師，彷佛是上天派來的救星。王家弘不但救了黃鴻隆的性命，還介紹他使用鐵肺。每晚在鐵肺裡過夜，隔天黃鴻隆就像是充飽了電，生龍活虎，可以全力投入工作，將事業經營得有聲有色。

第二次昏迷，也是王家弘及時救援，在黃鴻隆各項昏迷指數都是一分的險境下，硬是從鬼門關前挽回了他的生命。

「之前，有位同事幫我排過紫微斗數，說我會有貴人出現，」黃鴻隆回憶，上天果然就把王家弘帶進他的生命中，守護他走過生死存亡的時刻。

從醫師的角度看，王家弘認爲，黃鴻隆是個配合度很高的病人，他願意睡鐵肺，一睡就是三十年。

雖然兩次跟死神擦身而過，黃鴻隆並沒有改變面對人生的態度。他仍然是個工作狂，時間和心力都放在工作上。或許對他來說，每一個可以自在呼吸的時刻，都無比珍貴。他要珍惜生命的每一分鐘，活出最精采的自己，才能此生無悔。

他們眼中的黃鴻隆

施和仁 乃興企業股份有限公司董事長

我認識黃會計師是透過朋友介紹，當時我父親生病過世，黃會計師協助我們進行遺產稅申報工作，在過程中，他一併建議我未來的財務規劃，這讓我感受到他在專業上的獨特見解及能力，之後我們公司也委由黃會計師進行財務及稅務簽證。

企業經營難免遇到各種困難，企業主往往獨自披荊斬棘，突破各種難關，所幸乃興企業進行中國大陸及購置土地等各項投資時，都有黃會計師一路陪伴，給予專業意見，這才讓我們能夠在變化多端的市場情勢下，踏出穩健的每一步。

黃會計師可說是陪伴公司一路成長茁壯的最佳盟友，我們最近在改新廠房時，都不忘幫他規劃一間VIP室。

黃會計師一直以來都是中部地區許多中小企業在財務及企業經營上的諮詢夥伴，所以他也看了不少企業，因父子或兄弟理念不合而岌岌可危，決心投入家族傳承志業的諮詢工作。

我們家族時常相聚，一直以來都很團結，理念也相合，在黃會計師的輔導之下，讓我們更深刻地體會到家族精神與永續經營的理念，也因此更加團結凝聚在一起，很感謝黃會計師，也希望他在奉獻於家族傳承志業之餘，別忘了找三五老友相聚，伴幾杯老酒，一起度過充實下半段精采人生。

第十二章

不平凡的「鐵肺」人生

鐵肺故障了，有人幫忙修理、複製，
甚至還有人開了輔具公司，
製作輕便型鐵肺，
黃鴻隆的鐵肺人生，
藏著他跟客戶之間最深厚的情誼。

黃鴻隆的每一天，從鐵肺開始，在鐵肺結束。

鐵肺是一種密閉的金屬筒設備，外觀看起來很像一台日晒機，但在使用上完全不同。使用者的頭部自特殊的項圈伸出，僅保留身體在筒內，是透過負壓來協助喪失自主呼吸能力患者呼吸的醫療設備。

鐵肺出現於一九二七年，發明者是哈佛大學的工業衛生學家菲利普・德林克（Philip Drinker）和公衛生理學講師小路易斯・阿格西・蕭爾（Louis Agassiz Shaw Jr.），最早應用在一名罹患小兒麻痺的八歲女孩身上。

目前爲止，使用鐵肺時間最長的人是美國律師保羅．亞歷山大（Paul Alexander）。一九五二年，六歲的他罹患小兒麻痺，從此依賴鐵肺爲生，目前已超過七十年。

在台灣使用鐵肺最久的人，應該非黃鴻隆莫屬。一九九三年，他在呼吸治療權威王家弘醫師的介紹下開始使用鐵肺，如今已有三十年。

鐵肺用空氣壓力，幫忙做腹式呼吸

「我每天晚上都要睡在鐵肺裡，頸部以下處於密閉的空間，透過空氣一抽一放，把我的二氧化碳壓出來，幫我做腹式呼吸，」黃鴻隆形容，「這就像一般人工呼吸一樣，平常我們是用手的壓力，擠壓人的胸部，而鐵肺是用空氣的壓力。」

正常人平時一分鐘呼吸的次數，大概十二至二十次之間。黃鴻隆透過鐵肺，晚上睡眠時，固定維持在十五次，對於他身體的新陳代謝有很大的幫助。「如果沒有這個機器，我晚上睡覺時容易缺氧，睡眠品質就會非常不好，」黃鴻隆強調。

鐵肺人生三十年，黃鴻隆每天都是一覺到天亮，睡得很舒服。一般人沒有睡鐵肺的經驗，難免因爲好奇，而有各種奇怪的問題。

比方說，有人問黃鴻隆：「你睡在鐵肺裡，不能翻身，蚊子叮你時，你該怎麼辦？」黃鴻隆打趣道：「我都跟蚊子說：『因爲我無法抵抗，請你叮得輕一點。』結果我家的蚊子都不叮我，飛到女傭的房間叮她。」

鐵肺不僅爲黃鴻隆救命，也爲他續命。多年前，黃鴻隆去上卡內基訓練，創辦人黑幼龍是講師，他問現場學員：「一天之中，最有成就的是什麼時候、什麼事情？」

每個人都提出自己的版本，輪到黃鴻隆時，他說：「我每天早上一起床時，到浴室的大鏡子前面，看著帥呆了的自己，就是最大的成就感。」

黃鴻隆解釋：「早上我的臉色永遠是容光煥發，好像抹了一層油，閃閃發亮。因爲我晚上得到最充分的休息，所以每天早上看著帥帥的自己，就可以帶著笑容，去進行每天最重要的工作。」

鐵肺故障，找客戶搬救兵

如今，鐵肺已經成爲黃鴻隆生活的一部分，是他可以每天精神飽滿、全力衝刺事業的祕密武器。

大約是在一九九四年、一九九五年期間，黃鴻隆買下了第一部鐵肺。當年，全台灣只有四部鐵肺，而且都在醫院。製造商的亞洲總裁還特地來台灣一探究竟，想知道是何方神

病危出院後，我清晰地看到了自己的人生路——天命之謂性，率性之謂道，修道之謂教。

聖，居然買了一部鐵肺放在自家使用。

一台鐵肺造價不菲，要一百多萬元。以當時黃鴻隆的財力，負擔一台已經是極限。然而，只要是機器，就有很高的機率會故障。由於鐵肺的市場很小，很多廠商早已退出，機器一旦故障，連修都找不到人修。

某天凌晨兩點，黃鴻隆突然醒來，因爲他發現，鐵肺停止運作。面對鐵肺「罷工」，黃鴻隆手足無措，只能靜待天亮，再打電話給代理商，請他們派人來維修。

代理商是找到了，得到的答覆卻令黃鴻隆傻眼。

「對方告訴我，鐵肺早已停產，零件不容易尋找，而且製造商也已經倒了。」代理商承諾，會在全球各地找找哪裡還有零件，大概需要三個月的時間。黃鴻隆聞言苦笑：「不用三個月，我大概兩個星期就掛了。」

黃鴻隆急中生智，想起客戶中的彥豪，是做自行車煞車器的高手，於是打電話給創辦人之一的副董事長蔡賜芳，請他過來看看。蔡賜芳早上七點多接到電話，十點左右就出現在黃鴻隆家中。

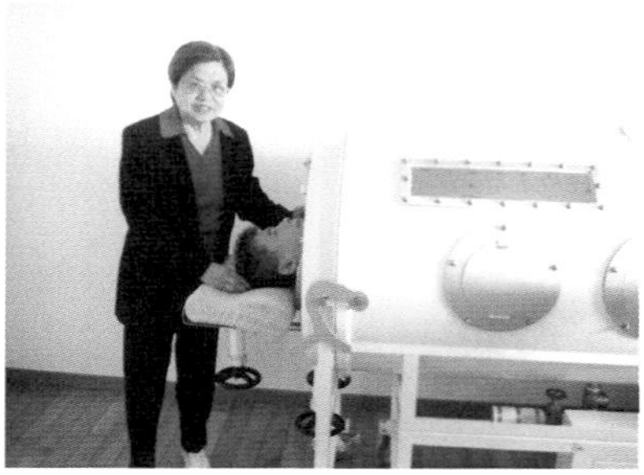

黃鴻隆是個配合度非常高的病人，鐵肺一睡就是三十年，圖爲在新鐵肺中與母親（左）合影。

蔡賜芳看了一下鐵肺，發現是焊接處斷裂，修理應該不難，就跟黃鴻隆拍胸脯表示會幫忙修好。大概下午兩、三點，修好的鐵肺就送回來了。

純手工複製鐵肺

蔡賜芳知道黃鴻隆家裡只有一部鐵肺，沒有備用機，「下次如果壞了，臨時找不到人來修，怎麼辦？」但是製造商都倒了，想買都買不到。蔡賜芳想到一個簡單有效的方法——幫黃鴻隆製作一部鐵肺。

蔡賜芳是彰工機械系畢業，他仔細研究了鐵肺的內部構造，找出運作機制，用相同的原理畫了製作圖，委託一位長期配合的老師傅，以純手工的方式製作。

「我跟這位師傅說，這個無法量產，我們是專門爲黃會計師製作。師傅說沒問題，他願意幫忙，」蔡賜芳透露，他雖懂機械，但是不懂醫療，最初做出的成品效果並不好，還是跟王家弘醫師請教後，再三調整，才大功告成。

第一部複製成功的鐵肺，蔡賜芳免費送給黃鴻隆。之後，又陸續複製了四部，一部送給台北榮總，一部送給彰化基督教醫院，另外兩部則放在中國彥豪，方便黃鴻隆去中國大陸時使用。

「彥豪的發展過程中，黃會計師幫了很多忙。他是我們的朋友，我們能夠有機會回饋，當然是義不容辭，」蔡賜芳說。

黃鴻隆原本只有一部鐵肺，故障之後，客戶不但幫忙修好，還送了他一部。黃鴻隆跟客戶之間的情誼深厚，可見一斑。

廠商研發輕便版鐵肺

二〇二三年五月五日，黃鴻隆來到台北的南港展覽館。

這一天，「台北輔具及長期照護大展」進行到第二天，黃鴻隆來到睿德輔具的攤位，老客戶兼老朋友，瑞振創辦人許國忠正等著迎接他。

睿德輔具是瑞振第二代許睿珉所負責。許國忠說，中部不少傳統產業都面臨接班問題，而他採取的策略，是鼓勵第二代「內部創業」。第二代先體驗創業維艱的過程，累積足夠的實戰經驗後，才回來接班。

有了鐵肺，黃鴻隆晚上可以好好休息，白天也隨之精神抖擻，經常隨著企業好友進行戶外運動。❶爲立勇公司解潘忠董事長安排奧萬大咖啡園之旅。❷是黃鴻隆參與麗寶國際賽車場開幕記者會，副董事長吳武山調皮地推著黃鴻隆的輪椅，讓他在賽道上享受賽車樂趣。❸是與利勤實業董事長洪文耀（右二）到海邊釣魚，享受愜意的假日。

瑞振是做自行車零配件的「隱形冠軍」，成立新公司則跨入輔具領域。許國忠坦言，這個決定受到黃鴻隆的影響。

黃鴻隆不能一日無鐵肺，然而，鐵肺體積大、重量沉，基本上只能定點使用，多少限制了黃鴻隆的行動。平時，他在外頭待得再晚，也得趕回家睡鐵肺。

熱愛開模製造東西的許國忠，看到鐵肺攜帶不便的問題，便時常想著是否能改良成輕便版，畢竟鐵肺問世至今已經將近一百年，也該與時俱進，才能更貼近使用者的日常生活需求。

於是，他特別委託雲林科技大學設計學院的蔡登傳教授，根據黃鴻隆的需求，研發攜帶式鐵肺。

在輔具大展現場，黃鴻隆試用了兩款「舒眠腹氧機」。攜帶式的舒眠腹氧機十分輕巧，尺寸如同一般公事包，黃鴻隆坐在椅子上，機器往身上一掛，就可以使用，相當方便。另一款半罩式舒眠腹氧機體積較大，需要躺著使用，不過，機器的覆蓋面從胸部到腰部，比起舊式的鐵肺還是輕便許多，帶到遠地過夜也沒問題。

黃鴻隆還體驗了一款搖擺床，它會透過律動，幫助躺在床上的使用者被動式運動，休息時也能促進血液循環，降低血管阻力。

當黃鴻隆試用每一款輔具時，許國忠都在旁詳細解說，也認真聆聽他對產品的回饋意見，承諾會將輔具調整得更加方便好用。

鐵肺，上天最好的祝福

日復一日地睡在一個密閉金屬筒裡，一般人難以想像，卻是黃鴻隆三十年來的日常。每天，他在鐵肺裡醒來。經過一夜充分的休息，就像是吃了大力丸的戰士，蓄勢待發，精神抖擻地迎接一天的挑戰。

「睡在鐵肺，也許是上天最好的祝福，」黃鴻隆說。

這已經不是有錢就能買得到的設備，製造商已經倒了，零件也不易尋找，只要鐵肺故障，便是黃鴻隆人生的惡夢。然而，先是有人幫忙修理、複製鐵肺，之後有人成立輔具公司，爲他生產輕便版鐵肺。這些廠商友人都不是爲了謀利，只是因爲黃鴻隆是珍貴的朋友，他們眞心爲他的健康著想。

鐵肺，是上天的祝福，也是他跟廠商友人之間情同兄弟的物證。

想像著有一天，當這些攜帶式鐵肺功能更完善、尺寸更適宜，黃鴻隆可以跟朋友們盡情地遊山玩水，再也不必趕著回家睡鐵肺，他的鐵肺人生，又將邁入嶄新的一頁。

他們眼中的黃鴻隆

施雅文 乃興企業股份有限公司行銷總監

我算是乃興企業的二代，因爲父親的關係才認識黃會計師。在我印象中，他是一個樂於分享的長輩，而且都用說故事的方式讓我們了解深刻的道理，不流於說教，也讓我們非常能接受他的建議與想法。

我印象很深刻，會計師曾分享過一段The Other Pair的影片，短短不到五分鐘，沒有旁白就能清楚地詮釋出分享的深意，這種與生俱來說故事的能力與境界，讓我覺得黃會計師就是那種典型的、具備爲別人而生「B型影響力」人格魅力的人，投入家族傳承議題對他來說，就是一種使命感，而這種因爲感動他人而產生的共鳴力量，不僅持久，也確實讓我深受影響。

我們的家族企業即將邁入第五十五個年頭，期間因爲大有家族辦公室持續提供專業的傳承建議，讓我們走得更加穩固，也希望公司成功傳承的經驗，能夠眞正成爲台灣企業界的典範，同時透過大有家族辦公室，影響更多的家族企業，邁向永續經營、基業長青的目標。

第十三章

重生，繼續追夢

黃鴻隆三度經歷生死大劫，
相信上天必有深意，
身爲重生之人，他誓言將餘生，
奉獻給摯愛的台灣。

天色湛藍，陽光普照，這是個適合出遊的好天氣。

瑞振的園區廣場上，聚集著一支自行車隊。衆人正做著出發前的暖身運動，伸展手臂，擺動脖子。車隊成員之一的黃鴻隆，穿著自行車服，戴著安全帽，全身裝備齊全，跟著大家一起認眞暖身。

黃鴻隆的內心充滿期待。這是他從二〇一七年重度昏迷以來，第一次較高強度的運動。

他騎乘的是改造過的自行車，腳踏板改成了手推桿，與其說是「騎」，不如說是「划」，透過划動手推桿，帶動車輪前進。

因此，即使行動不便如黃鴻隆，一樣也能體驗自行車的樂趣。

車隊啟程，黃鴻隆位在最前方，車上有面小紅旗，迎風招展。整支車隊跟隨他，在綠意盎然的田間道路，緩緩移動。

黃鴻隆自從上次昏迷之後，平時鼻子上都掛著正壓呼吸器。用手划自行車，對呼吸多少還是有負擔，他全程戴著呼吸器，並沒有出現明顯不適。不過，騎在他身後的瑞振董事長許國忠，還是很關心黃鴻隆的體能狀況。

「今天我們就慢慢騎，」許國忠強調。之前為了圓單車環島夢，黃鴻隆卯足全力練習，沒想到，他又因此在鬼門關前走了一回。

以為大限將至

台灣中部是自行車產業的大本營，不少「隱形冠軍」都是黃鴻隆多年的客戶。他們平時會以車會友，黃鴻隆雖然行動不便，卻有個心願，就是跟好友們一起單車環島。

黃鴻隆的個性是想做就會去做，有困難就想辦法克服。為了解決晚上必須睡鐵肺的問題，大家集思廣益，想出了一個方法，就是去租一輛冷凍櫃車，載著鐵肺，跟著車隊走。晚上眾人入住旅館，黃鴻隆就上車，睡在鐵肺中。

為了環島之旅，黃鴻隆展開了行前訓練。他非常投入，但也超過身體所能負荷的程度，因此整個人疲憊異常。平時，黃鴻隆只要回鐵肺睡個覺，第二天便元氣飽滿。然而，此時鐵肺似乎失去了平時的效果，即使仍然每天睡鐵肺，他還是精神不濟。

王家弘醫師事後發現，原來是鐵肺裡的牛皮裝置破掉了，幫助使用者呼吸的功能大打折扣。因此，即使黃鴻隆睡鐵肺，呼吸肌肉仍然無法獲得休息。

黃鴻隆沒有意識到鐵肺出了問題，只是感受到記憶力在衰退，講話也愈來愈結巴，好像是中風的前兆。生命的能量一點一滴在流失，他不禁懷疑：「是否大限已到？」如果真是天意，黃鴻隆選擇坦然面對，不打算接受任何治療。

他先跟年邁的母親通了電話，告知自己的身體狀況，算是某種程度的訣別。然後，他選擇留在家中，靜待上天的徵召。

妹妹警覺，及時送醫

黃鴻隆的妹妹黃惠美長年旅居美國。兄妹間雖然會鬥嘴，畢竟是一家人，感情還是很好。每次返台，黃惠美探望母親後，就馬上去看二哥黃鴻隆。

在她心中，二哥總是自信滿滿，意氣風發。然而，黃惠美這次見到黃鴻隆，卻大吃一驚。「二哥臉色發黑，說起話來有氣無力，非得送醫院不可，」黃惠美回憶。

黃鴻隆不願意進醫院。因爲他認爲自己離不開鐵肺，送到醫院就沒有鐵肺可睡，恐怕更快蒙主寵召。

在妹妹的堅持下，黃鴻隆進了彰化基督教醫院。主治醫師林慶雄對他說：「黃會計師，你這次狀況有點不太一樣。強烈建議你先到急診室躺一下，我保證會讓你回家過年。」

黃鴻隆聽從了林慶雄醫師的建議，進了急診室，先抽血檢驗。一小時後，結果出爐，黃鴻隆血液中的血酸過高，二氧化碳濃度爆表。院方趕緊給黃鴻隆呼吸器，要他先好好休息，慢慢排出體內過多的二氧化碳。

兩小時過去了，黃鴻隆的狀況仍然沒有改善，黃惠美便要求再抽一次血，結果血酸濃度、二氧化碳濃度，都比之前更濃。院方當機立斷，決定將黃鴻隆送進加護病房插管治療，而他在醫院這一躺，就是兩個月。

這是黃鴻隆人生中第三次嚴重昏迷。

王家弘醫師認爲，黃鴻隆的三次昏迷，都有類似的前提，就是呼吸肌肉過勞，二氧化碳無法順利排出，血液中氧氣、二氧化碳濃度失衡，繼續惡化下去，就可能因爲呼吸衰竭而無力回天。

之前黃鴻隆接受脊椎側彎矯正手術時，黃惠美年紀還輕，只在旁邊幫忙跑跑腿。後來

我知、我想、我願，把餘生無私地奉獻給這塊我摯愛的土地及敦厚的台灣人。

她赴美發展，在醫療機構服務過，對於照顧病人累積不少心得。黃鴻隆這次因爲二氧化碳滯留住院，黃惠美就參與了比較多的照顧工作。

由於黃鴻隆當時插管治療，不能說話，他想做什麼，都是透過筆談傳達訊息。然而，他身體非常虛弱，寫字時手會抖，因此字跡潦草，不好辨識，黃惠美只能猜，「如此一來一往跟他溝通，猜錯了，他會用眼睛『生氣』；猜對了，他就微笑點頭。」

在黃惠美眼中，二哥堅強又勇敢，展現了強大的求生欲，「二哥很清楚他自己要什麼，怎麼做對他最好。因爲兄妹的關係，我們是有些默契的，我可以理解他的重點。」

一時善心，救了自己

黃鴻隆當初不願意去醫院，原因是醫院沒有鐵肺可睡。其實，彰化基督教醫院有一部鐵肺，而且是他捐贈的。

之前，黃鴻隆家中的鐵肺故障，他的客戶好友，彥豪副董事長蔡賜芳除了幫忙修理，還複製了好幾部鐵肺，其中有一部，就捐贈給彰化基督教醫院，院方還因此特別舉辦「黃鴻隆會計師鐵肺捐贈感恩禮拜」。

林慶雄醫師記得，之前黃鴻隆因爲感冒來醫院就診時，他發現黃鴻隆的肺部機能雖然不好，卻還能正常生活。細問之下才知道，原來有鐵肺這種神器。每次黃鴻隆感冒，只要來醫院拿藥，回家再進鐵肺好好睡個覺，病情就會痊癒。

由於鐵肺要價昂貴，且使用率較低，醫院不會特別購入。黃鴻隆沒有私心，慷慨捐贈珍貴的鐵肺，只希望能幫助其他有需要的人。

當黃鴻隆遭遇人生中第三次嚴重昏迷時，他一時善心，捐鐵肺給醫院，竟然在緊急時刻派上用場，救了自己一命。在王家弘醫師的指導下，彰基的醫療團隊結合鐵肺的使用，黃鴻隆再一次從死亡險境中脫身。

出院後，黃鴻隆除了鐵肺，平時也得戴著呼吸器。王家弘醫師解釋，隨著年紀漸長，器官老化，黃鴻隆更需要外力來幫助呼吸。另外，黃鴻隆也按月租用一款德國製的數位監測系統，隨時掌握血液中二氧化碳的濃度，降低二氧化碳滯留所帶來的風險。

經過三次昏迷，黃鴻隆對於健康管理更加謹慎。除了平常晚上睡鐵肺，白天只要時間允許，他也會回家，在鐵肺裡睡個午覺，讓呼吸肌肉獲得充分休息。每天也必定測量血壓、心跳，將數據製成圖表，交給醫療團隊審視。

健康，對於現在的黃鴻隆來說，別具意義。因爲，他身上背負著更重大的使命。

將餘生奉獻台灣

人的一生，能有多少次死裡逃生的機會？

經歷生死大劫三次，黃鴻隆相信，冥冥之中，老天爺必有深意。

出院那天，他回到家中，眼前突然浮現三句話：「天命之謂性，率性之謂道，修道之謂教。」黃鴻隆很清楚自己是一個有天命的人，順著老天爺的意志去揮灑，就是他此生的人生道，在這條道路上不斷地去修煉，然後用生命去影響生命，應該就是他此生的生命意義。

黃鴻隆要當一個傳道人，將自己歷經波折卻又總是在逆境中開創新局的人生，分享給這個世界。他相信，人們將從他的故事中找到啟發，獲得鼓舞，看見希望。

黃鴻隆是個浴火重生之人，他還有很多心願清單，迫不及待想去完成。他要繼續追夢，燃燒生命，成爲照亮世界的光芒。

「我要把我的餘生，無私地奉獻給這塊我所摯愛的土地，以及在這片土地上生活的、敦厚的台灣人，」黃鴻隆強調。

他們眼中的黃鴻隆

洪文耀 利勤實業股份有限公司董事長

跟黃會計師認識，是因爲利勤公司申報二〇〇二年及二〇〇三年營利事業所得稅列報有《促進產業升級條例》之研發投資抵減，遭國稅局以提示證明文件不符該條例抵減意旨爲由，否准列報；利勤公司向主管機關提起復查及訴願，均遭駁回。透過朋友介紹，我們請黃會計師協助處理行政訴訟事宜。

在整個審議過程中，黃會計師盡心盡力，提出事實論證有理有據，甚至說服法院承審法官現場勘驗，進而確定設備是專供研發使用等事實，這才撤銷訴願決定及原復查決定處分。

近日我看到報章雜誌報導，才知道類似這種稅務訴訟能獲得有利判決的比例，甚至低於一成，讓我不得不佩服黃會計師的專業能力與執行力，而黃會計師擔任利勤公司獨立董事期間，也提供我們許多專業意見，直到現在，我倆已經成爲無話不談的好朋友，經常相約釣魚，眞是難得的緣分。

第四部

擁抱生命的無限可能

第十四章

以「利他」出發，投身公益

不論是成立基金，
贊助國內財經法律環境研究發展，
或是串連家族傳承、藝術、慈善拍賣，
黃鴻隆積極投入公益，
落實利他與共好，
形成善的循環。

描述武術大師葉問一生的《一代宗師》，是黃鴻隆很喜歡的一部電影。

電影中，有所謂的「練武三境界」：看見自己、看見天地、看見眾生。說的也是人生。

看見自己，是把焦點放在自己身上，是不斷成長、淬煉的過程；看見天地，是將自己涵融到天地之間，在看見自己的偉大之後，又透過天地之眼，看到自己存在的渺小，進而從中體會生命的謙卑；看見眾生，則是將人生體悟與智慧傳承下去，在見過天地之後，生寬廣無垠的心，方得以納入眾生。

黃鴻隆雖然行動不便，卻能勵精圖治，跨越會計與法律，成爲業界推崇的專業人士，這是看見自己；他挺過五次手術，歷經三次生死大劫，從而體悟生命的眞諦，這是看見天地；而他的看見衆生，就是積極投身公益事業。

「執業近四十年，大家滿滿的愛與信任，讓我得以更熱情洋溢地經營生命，做我自己，」黃鴻隆說。

事務所就像他的孩子，如今已進入青壯的成熟時期，對於社會應該有所回饋。「接下來，要做的事情很多，尤其是對人生有意義、有價值的事。有人說，人生其實就是在定義自己。希望事務所的下一個階段，其生命內涵是公益兼慈愛，」黃鴻隆如此期待。

四天內，募得一千萬元基金

黃鴻隆爲執業會計師，處理的多是稅法、《公司法》及《證券交易法》等相關法律規範中所衍生的數字爭議，但是結果往往要通過法律的審核。

「在我的人生歲月裡，處理會計與法律融合的案子時，總覺得費時、費事，比如說，維力的重整就花了十一年，人生有幾個十一年？換來的代價，往往是疲憊的身心及蒼白的頭髮。這是我要的人生嗎？是不是有更具生命意義、更富人生價值的選擇？」

於是，他有了一個想法，就是結合企業家的力量，有錢出錢，有力出力，成立公益信託基金，針對各項重大爭議的類型化財經議題，酌情贊助學術研究會，試著去影響國家的立法，或是提供政府機關做爲發布解釋函令的基礎，如此將更有助於解決財經爭議，提升行政效率。

「我們應該思考，該怎麼做，才能對國家、社會帶來最大的幫助，」黃鴻隆說。令他動容的是，他的想法獲得廠商絕對的信任與支持，短短四天內，就募得初期一千萬元的基金規模。

客戶認同，慷慨響應

一開始，黃鴻隆拋磚引玉，先捐了兩百萬，然後尋求其他企業家幫助。其中有兩位，分別是味丹集團的楊正執行董事，以及利勤集團洪文耀董事長。他們在經營事業的過程中，均曾受過很大的創傷，好不容易才經由黃會計師救了回來，感觸特別多，也認同應該要成立一個有意義的單位來幫助大家，於是馬上響應。

另外兩位贊助者，瑞音企業總裁林世銘（已故），與合正巨霸集團總裁蕭義明，都是黃鴻隆合作多年的客戶，在聽了他的構想後，覺得很有意義，便決定要成爲首輪的贊助者，

黃鴻隆從不同角度協助社會上需要的族群。❶是協助埔里基督教醫院解決偏鄉醫療資源短缺問題，舉辦公益義賣高爾夫球賽。❷是成立「公益信託誠品法務會計研究發展基金」，透過舉辦論壇協助台灣中小企業掌握趨勢。❸是結合藝術，鼓勵企業家爲社會貢獻。

邀請女企業家共同參與公益活動，爲社會奉獻。❶是彰師大附工傑出女企業家文教基金會董事校友會前理事長劉貞仙（左）爲身心障礙者的家園齊心努力。❷是帝寶集團董事長謝綉氣（右）參加黃鴻隆舉辦的公益活動。

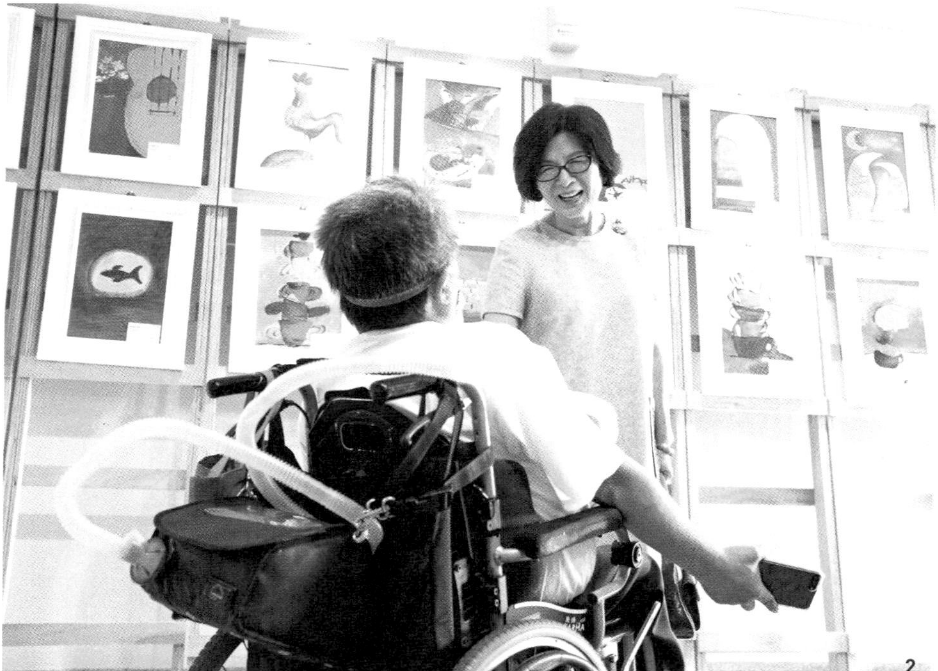

我已從現有的工作崗位上退休，期盼可以更全心地，以利他的角度，深度關懷社會、協助需要幫助的人。

慷慨解囊。

「坦白說，我並沒有特別去募款，只是說出自己的想法，就獲得大家的認同，」黃鴻隆透露，基金會成立後，贏得更多廠商的認同，陸續有新的贊助者加入。

打造更健全的法律財經環境

二〇一一年五月開始籌組，十月五日獲法務部核准設立的「公益信託誠品法務會計研究發展基金」，這是第一個由民間發起，純粹贊助國內財經法律環境研究發展的公益信託基金。

「成立的目的，是希望經由公益基金，贊助一系列財經研討活動，化解財經爭議，提升行政效率，進一步建構出優良、真正符合台灣企業需要的法律財經環境，」黃鴻隆說。

他認爲，如果有一個團隊共同來參與、投入，必然更能帶動議題的討論。於是，他也同步籌組了「中華法務會計研究發展協會」，邀請各大學財經法系所、會計暨商管系所教授、律師、會計師、退休政府官員、企業的財務人員、法務人員等入會，設立各組學術委員會，共同主辦或協辦各項法務會計學術研討會，爲打造更健全的財經環境而努力。

「這是一個利他的修行團隊，代表了龐大學術單位與實務單位的肯定與支持，受邀進來的會員，絕對是以法律、會計爲終身職志，義務幫助這個社會，廣結善緣，也志願成爲未來所有『信託基金』贊助研討會的志工，」黃鴻隆說。

從籌組開始，黃鴻隆便多次南北奔走，投身協會的各種大小事，包括：會務運作、規章擬定、組織安排，以及財務籌措，都是他一肩挑起。

協會首屆理事長林賢郎形容黃鴻隆是坐著輪椅的巨人，「看他拖著不便的身軀，爲理想無私地奉獻，我非常感動，協助他是義不容辭的事。」

二〇一二年三月十六日，協會正式成立，之後陸續舉辦多場有關稅務與公司治理的研討會，每場都邀請學有專精或實務經驗豐富的教授、專家擔綱，參與人數極爲可觀。

二〇二二年十一月十七日，協會與中華民國信託業商業同業公會等單位合作，共同主辦信託平台及信託商品之創新學術研討會，邀集學界與實務界專家，整理、分析美國及日本透過信託平台結合金融商品或服務之模式，並就台灣如何進行異業整合提出具體建議，提升台灣信託業在國際金融市場的競爭力。

經歷生死大劫，黃鴻隆更積極投入公益。❶爲彰化基督教醫院大手牽小手義賣活動。❷是一場琉璃拍賣會，前任彰化縣縣長卓伯源（左一）及妹妹黃惠美（中）皆出席活動支持。

另外，協會也曾在《經濟日報》設有專欄，由學者柯格鐘每週發表建言，期望能對稅制合理化有所影響。一年下來，獲得各方的肯定與迴響，協會還特地將這些專欄文章集結成書，大量印製，贈送各單位。

串連家族傳承、藝術、公益拍賣

除了公益信託誠品法務會計研究發展基金、中華法務會計研究發展協會，黃鴻隆也透過大有家族辦公室，推動不少公益活動。

他用藝術能量凝聚家族企業的向心力，在他的號召下，超過二十位企業家，參與藝文總監張燕淑的油畫創作班。

二〇二一年四月二十一日，為了提升偏鄉醫療品質，埔里基督教醫院舉辦公益義賣高爾夫球賽，活動中所義賣的畫作，就是出自這些企業家之手。霧峰高爾夫球場除了提供場地，還認購了一幅企業家夫人的畫作。

「公益活動可以讓我們的心變得更柔軟，有助於整個社會朝著共好的方向前進，」黃鴻隆強調。

這些企業家的第二代，看到父母的作品在公益拍賣會好評不斷，心生嚮往，也紛紛前

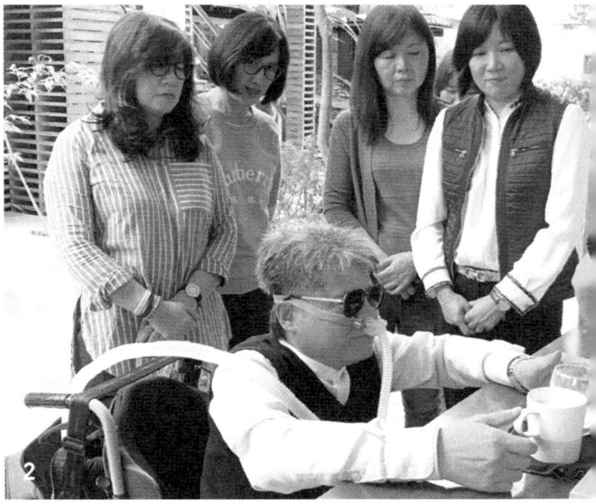

黃鴻隆與企業界連結很深，各種活動中都可以看到他的身影。❶是受中國信託商業銀行台中區域中心邀請前往演講。❷是帶領企業家夫人製作養生食品。❸是埔里基督教醫院前董事長黃敏生醫師（右）邀請他參與埔基活動。

黃鴻隆不但爲身心障礙者舉辦畫展，還透過義賣公益音樂餐會，號召企業界共襄盛舉。

來找張燕淑學畫。他們的畫作，在同年十二月二十一日的「聖誕饗宴：從彩筆來的愛」活動中，成功進行公益慈善拍賣，同時由黃鴻隆和其他企業家贊助，製作成精美的桌曆，分送給各個社團，獲得廣泛迴響。

張燕淑教學的對象不只企業家、企二代，還有弱勢的身障族群。

坐落在彰化縣芳苑鄉的「伯立歐小兒麻痺&愛加倍庇護工場」，由彰化縣喜樂小兒麻痺關懷協會成立，致力於服務身障朋友就業及生活照顧關懷服務。

庇護工場中，有人先天腦性麻痺；有人神經肌肉萎縮，生活無法自理；有人原本是獸醫，因爲車禍而腦傷，需要靠助行器行走。他們雖然行動不便，仍然努力工作、生活。

二〇二一年春天，在黃鴻隆的安排下，張燕淑來到庇護工場，爲身障夥伴上繪畫課。學員分組作畫，先在白紙上以黑色顏料勾勒線條，然後塗抹繽紛色彩，一幅冷色調，一幅暖色調。畫作完成後，每個人都簽上名字的英文縮寫，爲生命留下美麗的印記。

作畫的過程中，張燕淑曾經問某位學員：「妳覺得畫圖時有什麼感覺？」她想了一下，說：「畫圖可以紓解我一些生活上的壓力。」有機會接觸藝術，與色彩共舞，從而沉澱心靈，找到快樂，對這些身障朋友來說，便是極大的慰藉。

之後，黃鴻隆在麗寶樂園的福容大飯店，主持素人畫家作品義賣，其中一幅畫作獲得某家科技公司總經理認購收藏，所得便捐贈給愛加倍庇護工場。

透過藝術及說故事方式，協助企業家記錄創業的心路歷程。這幅畫是經過「大有家族永續顧問公司」協助訪談後的創作，表達創業好比登玉山的艱辛，在暗夜中登頂，當陽光乍現，回首來時路，看到險峻的碎石坡，雙腳癱軟、內心孤獨。

以台灣玉山爲載體，春夏秋冬四季爲時間軸，描繪創業家生命中每一個動人的時刻，以及當下悲、苦、喜、樂的情緒，並將溫熱的淚與汗，化爲生命之河，傳承給下一代或接班人。

利他、共好，形成善的循環

多年前，黃鴻隆回東海大學念會計EMBA，當時的主任問大家：「十年後要做什麼？」黃鴻隆心想，十年後，他已經六十歲了，期盼可以從利他的角度出發，全心全意協助一些老朋友的事業，以及身障相關的非營利事業，然後將心得分享給社會大眾。

他希望未來的自己是「宅心仁厚，但意志堅強；謙沖爲懷，但勇敢無畏」。

歷經二〇一七年的生死大劫，黃鴻隆更積極投入公益，不論是贊助國內財經法律環境研究發展，或是串連家族傳承、藝術、慈善拍賣，也經常到各地演講，用自身經歷鼓舞社會大眾。

從看見自己、看見天地，如今的黃鴻隆，看見眾生，他落實利他與共好，形成善的循環，傳遞愛與熱情，人生過得無比快樂。

他們眼中的黃鴻隆

林貽靚 大有家族永續顧問股份公司

我一九九六年正式加入事務所，黃會計師是我的老闆，跟著他參與審計、重整及公司設立等各項業務，還被派往中國大陸協助公司導入ERP系統。

黃會計師給予我們很多歷練的機會，對我們要求很嚴格，在他的督促下，我陸續取得美國舞弊稽核師、美國法務會計師證照及雙碩士與雙博士學位，他是一個熱於學習，不停在專業上精進成長的主管，希望我們能爲自己的人生及職涯多努力付出一些，所以即使嚴格，我也能感受到他的用意及苦心。

記得有一次凌晨兩點，黃會計師因爲戴呼吸器造成鼻腔過乾大量流鼻血，照顧他的女傭不知所措，立即打電話給我，我馬上開車送黃會計師去急診，至今仍記得，那一天我外表故作鎮定，內心其實非常緊張，也深深體會到，會計師是用他的生命在爲事業打拚、爲社會貢獻，擁有健康身體的我們，怎麼可以偷懶怠惰、浪費生命，同時我也很心疼他，希望他可以多照顧自己身體，不要太奔波勞累。

我因爲身體因素，曾經短暫離開事務所，二〇二三年回鍋服務於黃會計師成立的大有家族永續顧問股份有限公司。再次回來，我希望自己能成爲黃會計師得力助手，協助家族企業透過故事紀錄進行傳承工作，同時在大有扮演更重要的角色。

感謝黃會計師對我的栽培，他對人生負責任的態度及生命力量，深深令我折服，是我人生導師，也是一輩子學習的對象。

第十五章

把專業變成影響力

會計師的主要功能，
是查核財務報表，落實財務透明，
黃鴻隆長期協助NGO團體查核報表，
把專業能力變影響力。

黃鴻隆是執業會計師，查核財務報表服務是他的工作飯碗。經過會計師依法查核的財務報表，代表了這份財務報表，經過獨立的第三方檢核過了，外界閱讀財務報表，就是從這裡開始，這正是會計師產業存在的價值。

黃鴻隆說：「會計就是商業的語言，財務報表就是話語的內容。」舉凡求職、創業、投資、贊助等活動，都少不了它。他打個比方：「四張財務報表中，損益表（INCOME Statement）有外在美？‧資產負債表（Balance Sheet）有內在美？‧現金流量表（Cash Flow Statement）有氣質美?股東權益變動表（Statement of Changes in Shareholders' Equity）有底蘊美?」經營管理要靠它、酬勞員工要靠它、募集資金要靠它、慈善捐助也要靠它。也就是說，會計師這個產業，其影響力無法想像。會計師手上所拿的那把刀。既可以是殺人的刀，又可以是救人的刀，如何選擇就存乎一心。

台灣的非政府組織（NGO）已在國內公共政策領域，扮演愈來愈重要的角色，其資金來源，大多來自社會慈善人士的贊助，因此對於財務報表透明度的要求，就顯得格外迫切。在黃鴻隆的執業生涯裡，他總是選擇救人的刀，在慈善公益的感召下，義無反顧地長期爲兩家NGO團體，義務提供財務報表的查核服務。

切膚之愛的感召

在一個特殊機緣下，切膚之愛基金會的財務長，二〇〇五年找上了黃鴻隆，尋求協助。黃鴻隆進一步了解後，發現基金會背後，隱藏著一段極不平凡的愛的故事。

英國籍醫生蘭大衛，愛丁堡大學醫學院畢業後來到彰化，建立起「彰化醫館」，也就是彰化基督教醫院的前身。有一次，一位彰化伸港貧苦農家孩子周金耀，因爲跌倒破皮沒有錢醫治，病情愈來愈惡化，有人告訴周爸爸最好帶孩子來找蘭醫師，於是便揹著周金耀來到彰化醫館。

在這裡，周金耀除了得到醫療上的照護之外，蘭醫師的夫人還教他念書、唱詩歌，減輕生病帶來的痛苦，可是因爲傷口拖太久才就醫，不但很難長出新皮膚，還有可能引發骨髓癌。蘭醫師發現或許植皮手術是唯一能治癒的方法，但植皮的皮膚從何而來？正爲此苦惱時，蘭夫人連瑪玉女士主動表示：「如果割我的皮膚，有機會治好金耀嗎？」就這樣，蘭醫師親自操刀，割下妻子大腿上的皮膚，移植到周金耀的腿上。雖然移植手術未能成功，但周金耀經過多次手術終於獲得痊癒，甚至在蘭大衛醫師夫婦的資助下，完成長榮中學、台南神學院的學業，並成爲牧師終身事奉與宣教。這個孩子就是周金耀牧師。

客戶號召一起做公益

黃會計師是一個經營生命的人，也同樣是伸港鄉的囝仔，面對切膚之愛的感召，心中已然有了決定。透過了解蘭大衛醫師夫妻的故事，得知「切膚之愛」只是夫妻倆照顧眾多病患其一縮影，他們也經常慷慨解囊救濟貧窮，其子蘭大弼之後也在彰基行醫，父子在台灣奉獻六十八年，黃鴻隆深受感動，就這樣開啟與「切膚之愛」財報透明化的緣分，一直延續到今天。

黃鴻隆運用專業協助NGO查核財務報表，至今已經有二十多年歷史。

前南彰實業董事長楊昌宏，是黃鴻隆返回彰化故鄉的第一位客戶，也是彰化高工畢業的校友，彰工文教基金會第三任的董事長。有一天楊昌宏問黃鴻隆，能不能夠爲基金會的財務報表提供查核服務。

有緣服務後，黃鴻隆發現基金會很不一樣，不但董事們個個在產業界都很有成就，所有董事會成員在開會時都客客氣氣、謙沖有禮，討論議題以及決議模式井然有序，而且捐款大器，每個人心中只有基金會，每次開會都聚焦在如何透過基金會，幫助學校、老師以及學弟妹，毫無個人私念。

這種對學校強烈的認同感、黏著度及大力支持，讓黃鴻隆大開眼界，見所未見。

黃鴻隆說：「這是一所偉大的學校，在中部產業界衆多菁英中，大概有六成以上出自彰工人，不是沒有理由的。」

對於黃鴻隆這樣一位擁抱理想的人，看到彰工師生互動情誼，讓他深受感動，就這樣與彰工文教基金會締下善緣，並延續至今。後來甚至獲頒成爲彰工的榮譽校友，所以爲基金會服務，就變成黃鴻隆這輩子的志業了。

促進公益的意義

服務這NGO組織，看似沒有收入，卻讓黃鴻隆在專業影響力上，獲得非常多的收穫，這是一把救人的刀。用愛，對待自己、幫助別人，自然就是快樂的、富足的、健康的、和諧的、幸福的，每一天都充滿了活力。

黃鴻隆很喜歡老子「明道若昧」、「進道若退」、「大白若辱」、「無用之用」、「無爭之爭」等思想，他調侃自己說：「以我的身軀、各方面條件，在四十年前要出社會，執業當會計師，應該是最不起眼的、甚至會被人家輕視的。」可是他卻鼓動熱情，心懷感恩，把肢體殘障的缺陷，當成是淬煉自己成長最好的養分來源，用經營生命的態度，形塑個人特有的「品牌」，踏出並享受他的人生路，展現出最動人、最亮麗的風采，令人動容。

而歷經五次大刀、三次插管的他，如今每天都帶着容光煥發的臉頰、浪漫飛舞的心緒，跟著自己的直覺與理想往前行，讓服務的感情軌跡超越理性盤算。

黃鴻隆說，現今的會計師工作環境不算太好。各大、中、小事務所的工作愈來愈不討喜。一旦有財務報表不實的情況發生，簽證會計師馬上變成過街老鼠，受害的投資人所要求損害賠償金額，可能高到無法想像。相反地，如果找到生命的意義與信仰價值觀，善用這把查核財務報表的刀，去協助NGO團體財務透明化，反而能夠贏得更多的人心，得到更多的尊重，這也是黃鴻隆一路走來的心得。

韓劇《商道》中，曾有一段對白，大意是：做生意要賺取的不是金錢，而是人心。有了人心，金錢隨之而來；沒有人心，金錢來了也留不住。黃鴻隆協助這兩家NGO組織近二十個年頭，在這段漫長的歲月中，贏得更多的人心，也得到更多的尊重。這是一條反思的路，讓他得以內化「賢者博學衆長，強者戰勝自我，富者自我滿足」的智慧。

他們眼中的黃鴻隆

蕭瑞芬 彰工文教基金會董事長

黃鴻隆會計師以專業的會計知識，爲基金會財務報表透明化，提供寶貴的指導，甚至將酬金如數捐回基金會，並分享「活在當下．經營生命」、「鐵肺人生」等好書，讓學生深受感動，以此爲題，在閱讀心得競賽中獲獎。學校慶賀八十五週年校慶時，大有家族辦公室藝文總監指導偕同創作四幅玉山油畫，展現彰工人「成全．分享」的永續合作精神，黃會計師的優雅靈魂，在紅塵中奔逐的奮鬥過程，讓我們獲得更多生命啟示。

第十六章

充滿啟發的學習之旅

從東海大學會計系EMBA，
到中興大學法律學系在職專班，
這兩趟學習之旅，拓展黃鴻隆的眼界。
從此他積極涉獵東西方文哲史學經典，
朝向心中的最高境界邁進。

在攝影師的調度下，東海大學會計系第二屆畢業生分成四排，各自站定位置，最前方坐了兩個人，一位是商學院院長鮑爾一，一位是行動不便的黃鴻隆。眾人穿著學士服，戴著學士帽，青春的臉龐望著鏡頭。

攝影師按下快門，完成了畢業大合照。黃鴻隆的大學生活，就此告一段落。然而，他跟母校東海大學的關係，沒有因此畫下句點。

當年，東海大學並非他的首選。他成績很好，絕對可以念台北的國立大學，然而爲了不造成桃園外祖父、外祖母的負荷，他

東海大學會計系第二屆畢業生，前方坐著商學院院長鮑爾一（右）與黃鴻隆（左）。

選擇位於台中的東海大學就讀。

在這所遠離塵囂的校園裡，黃鴻隆學會了團體生活，也能夠獨立自主，留下許多美好的成長回憶。

母校以他爲榮

畢業後，黃鴻隆跟母校的關係依然密切，同學會、系友會、校友會等活動，經常可以看到黃鴻隆活躍的身影。他返鄉執業、事務所開幕當天，除了多位同學前來祝賀，梅可望校長、周心豪主任、李秀英老師，也都現身爲他加油打氣。

校方以「爲生命活出熱情，爲人生活出意義」的黃鴻隆爲榮，二〇〇八年，他獲選爲東海大學第九屆傑出校友。

在獲獎感言中，黃鴻隆寫道：「我始終以無比的熱情去傾聽客戶心中的想法，站在客戶的角度去理解、思考，設法提出適切而完善的解決方案。衷心期許每一個經過我評估與規劃的個案，都保有我用心服務的感情軌跡。這種『經營生命』的態度，絕對是源自大度山的能量。」

對於母校「縱容我思緒飛揚、奠基我生活美學、豐厚我生命廣度、圓融我處事態度」，

2008年黃鴻隆獲選爲東海大學第九屆傑出校友，在獲獎感言中他分享之所以培養經營生命的態度，是源自於母校帶給他的力量。

把自己當成一件藝術品，是我一生的志業藝術。

他由衷感激。

師資堅強，獲益良多

二〇〇六年，東海大學會計系創立第一屆會計系EMBA。校方積極招募學員，希望能打響第一砲。爲了表示支持，黃鴻隆成爲首屆學員。

之前，黃鴻隆曾經前往上海財經大學會計所進修，後來又參加東海大學的「超E高階經理人課程」，都有不同程度的收穫。不過，還是東海大學會計系EMBA，帶給他最多啟發。

堅強的師資陣容，是最大亮點。黃鴻隆細數：「詹茂焜老師的『孫子商道』、許恩得老師的『賽局理論與經營策略』、陳孟凱老師的『企業經營與領導能量』，都讓我受益良多。」

舉例來說，黃鴻隆剛開始上陳孟凱的課時，內心還存有懷疑，不確定這門課程價值何在，直到他打開陳老師指定閱讀的《與成功有約》，才豁然開朗。書中論述了高效能人士的七個習慣，對他而言，如同醍醐灌頂。

「希望被了解、被尊重、自己的聲音被聽到，似乎是每一個人心中最大的需求，而多數人往往也把重點放在溝通、說服力。作者很細膩地點出，將心比心，易地而處，只有當別人感覺到你受他們影響，你了解他們，你很仔細並眞誠地聽他們說話時，才算眞正發揮了影響力，」黃鴻隆說。

受古人智慧熏陶，視野大開

詹茂焜是黃鴻隆的論文指導教授，對他的影響更爲關鍵。透過詹茂焜的引領，黃鴻隆研讀《易經》、《韓非子》、《孫子兵法》、《三國演義》等國學經典，在古人智慧的熏陶下，視野大開，成爲黃鴻隆日後投入東西方文史哲學研究的契機。

以朝鮮商人林尚沃發跡故事爲主軸的韓劇《商道》，也是上課討論的素材。在暫停與倒帶之間，黃鴻隆反覆觀看，細細記下值得咀嚼的對白。

「所謂的做生意，並不是要賺取金錢，而是要賺取人心；不是要獲得利潤，而是要獲得人心。賺取人心、獲得人心，這就是做生意，到了那個時候，金錢自然就隨之而來。拚死追逐金錢，就是錢的奴隸。」

「信念，如果不能達成心願，任何信念都沒有意義，不過是愚蠢的執著。」「做生意也有一個界限，如果超越這個界限，將會失去一切、徹底瓦解。」《商道》說的雖然是十九世紀朝鮮半島的商界，但劇中出現的利益取捨或是經營權爭奪，黃鴻隆都感到似曾相識。要掌握商場，必然得先了解人性，古今皆然。以經典爲師，就是爲了培養洞悉時局的眼光。

畢業之後，自認執業高度與生命能量都大有提升的黃鴻隆，決定將這份「經典」因緣，分享給有使命感的企業家，便在二〇一五年成立了「中華商道發展協會」。

黃鴻隆表示，成立協會，目標是要涵養「縱橫四海、吞吐宇宙」的大商器識。協會每年邀請多位優質企業家，成立「商道企業班」，共同接受、分享中國經典的能量，形塑並發揚「人本企業」、「幸福企業」。

「經過『商道企業班』的學習歷程後，學員都察覺到自己的思考模式與行爲舉止，已在不知不覺中改變。恩師詹茂焜將『商道企業班』定調爲終身學習。我相信十年磨一劍，日後這會是一個生命中不可取代、知性與感性交流的菁英社群網絡，」黃鴻隆強調。

就讀東海大學會計系EMBA之前，黃鴻隆已經執業超過二十年。當時，由於亞洲金融風暴來襲，中部多數傳統產業不支倒地，因此他也接手了二、三十件重整、破產案。他的碩士論文便是以「企業重整成敗因素之探討」爲題，深入分析他親自參與的不同個案。

「這是一個複雜、涉及多方利益的課題，不但要有策略、熱情及圓融的智慧，更講究時間與效率，而且還觸及人性的課題，」黃鴻隆感嘆。

跟隨知名法學家學習

非法律出身的他，看到法律人如何巧妙運用《破產法》、《民事訴訟法》、《非訟事件法》、《企業併購法》，以及《金融機構合併法》等，可說是開了眼界，對法律也產生研究的熱忱。

後來，黃鴻隆進入彰化縣訴願審議委員會擔任委員，發現很多民怨來自法規的問題，特別是稅法。他認為，如果自己在會計之外也有法律的專業，必然如虎添翼，可以幫助更多人。

黃鴻隆聽聞，在中興大學法律系任教的李惠宗教授，是前司法院院長、司法院大法官翁岳生的得意門生，便主動登門請益，表示希望跟隨他學習。當時中興大學法律系的研究所只開放相關科系的學生就讀，在李惠宗的提議下，黃鴻隆便隨班附讀了一陣子。

直到二〇一〇年，系方開設了法律在職專班，非法律科系背景也能攻讀。通過考試，黃鴻隆成為第一屆中興大學法律學系在職專班的學生。

2020年2月，黃鴻隆因受重視藝文美學推動、改造平衡法院環境的前高等行政法院院長許金釵（右）感動，到法院請益時，贈送瓶花油畫，呼應法院美學環境的提升。

在李惠宗的課堂上，黃鴻隆從不缺席，上課永遠坐在第一排，而且一定舉手發問，問題也很有深度。

「學生的提問通常分兩種，一種可以直接引用法條來說明，另一種問的是法條背後的原則，就比較不容易回答，而黃會計師的問題大多屬於第二種，」李惠宗說，「如果對法律研究得不夠徹底，很容易會被黃會計師問倒。」

看見法律哲學的美麗天堂

黃鴻隆對李惠宗十分尊敬，開口閉口必稱「恩師」，李惠宗則將他跟黃鴻隆的關係，定位爲「亦師亦友」。透過黃鴻隆，李惠宗接觸了一些稅法糾紛的個案，對稅法也產生了研究的興趣。

李惠宗指出，稅法是國家爲了徵收稅金而立的法，背後其實有很多不合法理的狀況。比方說，有個案靠租金收入維生，過去都是報綜合所得稅，國稅局也接受，相安無事幾年後，國稅局突然通知，稱他應該要報營業所得稅而未報，要求他繳納高額罰金。當事人當然不服，但提出訴願也無效。

因爲接觸了實務案件，李惠宗深感稅法的不穩定性值得深究。「稅法是法律人較少踏入的領域，黃會計師算是爲我打開了另一扇窗，」李惠宗說。

曾經公費留德的李惠宗，接受歐洲人文主義教育的熏陶，把思辨的風氣帶進課堂，引導學生探索法律背後的內涵與精神，「是李老師讓我看見了法律哲學的美麗天堂，」黃鴻隆形容。

黃鴻隆說，要掌握法律的本質，只研究法條還不夠，文學、哲學、史學都必須深入涉獵，才能眞正打通任督二脈。

李惠宗觀察，黃鴻隆是個完美主義者，不論是經營事務所或是研究學問，都是以燃燒生命的強度，鞭策自己到達理想境界。

從東海大學會計系EMBA，到中興大學法律學系在職專班，這兩趟學習之旅，對黃鴻隆來說意義都非常重大，「我何其有幸，僅以些許學費，即得無數大師啟迪，並縱容我在知識原野中盡情狂奔、衝撞。」

深受啟發的他，從此積極涉獵東西方文史哲學經典，每天埋首書海中，朝向內心所追求的最高境界，不斷前進。

他們眼中的黃鴻隆

林文舟 最高行政法院退休法官

我跟鴻隆是在一場研討會上認識的。他長期贊助法務會計學術活動，十分有心，剛開始我們只是點頭之交，沒想到後來才知道，在我的生命中，鴻隆是上帝派來的天使。

二〇一八年，我在司法院職務法庭承審某法官違反辦公室倫理案件，卻遭有心人士利用媒體抹黑攻擊，當時監察機關未經查證，便輕信片段資訊，指謫我隱匿簽呈，雖然最後台北地檢署偵結還我清白，但這中間我承受相當大的外界壓力。

記得當時有一天晚上我還在辦公室加班，突然接到一通Messenger語音訊息，原來是鴻隆發給我的，他以一個朋友身分關心我、鼓勵我，至此愈聊愈投機，才發現原來我們都是基督信徒，而且還在同一宗派教會受洗。那時我深深感悟到，在這段驚滔駭浪的時期，鴻隆的出現是神蹟，陪伴我度過這段人生的幽谷與困境。

在這次事件塵埃落定後，我於二〇二〇年辦理退休，鴻隆所主持的公益信託基金贊助出版《林文舟法官退休紀念論文集》一書，將學者專家對我所撰寫稅法判決的評論，以及我四十年來司法生涯的回憶錄彙總成書，感恩黃會計師的雪中送炭與情義相挺，更欽佩他長年在稅法會計學術活動與納稅者權利保護事工上，默默耕耘與無私奉獻。由衷祝福黃弟兄在主耶穌的保守裡面，永遠平安喜樂。

第十七章

贏得滿堂彩的知識庫

黃鴻隆熱愛閱讀，
從知識中內化智慧，
人生的疑惑往往能迎刃而解。
與書本相伴的每一刻，
他的內心都無比充實而快樂。

隨著事務所的工作逐漸交棒，閱讀成爲黃鴻隆的生活重心，不是在看書，就是在做批注。

他平時睡得早，大概三、四點醒來，此時夜闌人靜，心也平靜，正是讀書的好時刻，讀累了就進鐵肺休息。充電完畢，他繼續讀書。在沒有行程的日子裡，他就看一整天的書。

閱讀是黃鴻隆從小養成的習慣。當年沒有什麼課外書，即使是教科書，他也能讀得津津有味。他有學者的研究精神，高中時對三角函數感興趣，便將心得寫滿整本筆記，事後還提供給他妹妹用，也因此跟他的高中導師盧澄根有很深的情緣。這份師生緣甚至延續到黃鴻隆的妹妹。現在他看書也習慣做批注，五顏六色代表他看了很多次，有了不同的心得，所以用不同的色彩加以表達。總而言之，對於閱讀這件事，他展現了異於常人的熱情。

當經濟狀況允許，黃鴻隆便大量購書。黃鴻隆家裡有個書庫，裡頭堆滿了他看過的書。事務所也有個圖書室，收藏的每一本書，他幾乎全部看過。黃鴻隆買書毫不手軟，藏書中，有許多印製精美、要價不菲的套書，遨遊書海，他樂此不疲。

不過，黃鴻隆現在主要是透過電腦看書。他不是看出版社發行的電子版，而是將買來的書，請事務所同仁逐頁掃描再LINE給他。幫忙掃描的司機蘇文國透露，黃鴻隆看書的速度很快，掃描的進度有時跟不上。解決之道，就是把整本書加以拆解，方便快速掃描，及時補充黃鴻隆的精神食糧。

博覽群書，樂此不疲

黃鴻隆是屬於雜食型讀者。他博覽群書，各種類型的書都看。就讀東海大學會計系EMBA時，受到詹茂焜教授影響，《易經》、《韓非子》、《孫子兵法》、《三國演義》等國學經典，孔孟到老莊，再到佛教禪宗等儒釋道，《舊約聖經》、《新約聖經》等西方經

我何其有幸，僅以些許學費，即得受無數大師啟迪，並縱容我在知識原野中盡情狂奔、衝撞。

典，無一不是他的讀物。他曾調侃地說，《易經》可視爲法學上的本質論，《孫子兵法》可視爲法學上的立法論，儒釋道可視爲法學上的解釋論，四大小說中的《三國演義》、《水滸傳》、《西遊記》、《紅樓夢》可視爲法學上的適用論。

如果把儒釋道再談得深一點，佛爲心（衡平法，疏曠靜朗，啟人返觀空性）、道爲骨（普通法，自然哲思，明無用之用）、儒爲表（法案法，直示義理，曉規矩方圓）。《聖經．阿摩司書》第五章第二十四節：「惟願公平如大水滾滾，使公義如江河滔滔。」

他常常說「一理通，萬理透」，已入耳順之年的他，特別有感觸：「我們都是凡人，用六根去認知世界，認知愈久，執念愈深。佛法的修爲就是去掉『我』，讓『執』無所存在。」

「捨棄了『我執』，生老病死，春夏秋冬，都只是過程，不必眷戀，不會排斥，也不必感慨，而是泰然接受，」黃鴻隆說，「將所有的成住壞空，都視爲過程，生命就會呈現本質，感受自在，盡其在我，你便能活在當下，甚至還能發菩薩心，願意去度化衆生。」

蘋果電腦創辦人賈伯斯（Steve Jobs）晚年曾說：「我願用一生的

成就與財富，換取同蘇格拉底（Socrates）共處一個下午。」事實上，只要打開一本書，便能跨越時空，聆聽古聖先賢的教誨。而黃鴻隆也從閱讀經典中習得智慧，拓展視野，內心也更加清朗、寧靜。

二〇二一年年底，黃鴻隆上了大愛電視台「圓夢新舞台」節目，鏡頭前秀了一手油畫的技巧。他有模有樣地攪弄調色盤上的顏料，在畫布上大筆揮灑，色彩層層疊加，展現了內心的風景。「作畫就是跟著內心的感覺走。我想藉這幅畫表達，如何讓自己能夠突破一切的框架，」黃鴻隆說。

《人子》百讀不厭

經歷人生第三次嚴重昏迷後，黃鴻隆居家靜養期間，在昔日部屬張燕淑的教導下，畫起油畫。隨著工作再度成爲生活重心，黃鴻隆暫時放下畫筆。不過，他一直有個心願，就是希望用油畫來詮釋《人子》中的十三則故事。

《人子》是《未央歌》作者鹿橋的另一代表作，其中包含十三則寓言風格的小故事，故事看似簡單，卻隱含深意。

黃鴻隆說：「這本書是我一九七七年進入東海大學時國文課的讀本，多年來我一直反覆

黃鴻隆與王品集團創辦人戴勝益（右）都熱中閱讀，也經常分享推廣閱讀的好處，圖爲黃鴻隆受邀參與王品集團活動。

地看，每一回都有不同的體悟，每次讀完，都會不由自主地從心底湧出一股暖流，非常奇妙。就如作者所說，喜歡就好，不一定要懂故事裡的意思。我非常喜歡這些故事。」

十三則故事中，黃鴻隆最喜歡〈汪洋〉。這則故事描述了一名水手的生命歷程。水手在十七、八歲時出航，從青年、中年航行到老年。衰老的水手以爲自己虛度年華，一無所獲時，時光化身爲慈祥老人，向他展示一張從來沒有見過的航海圖。水手仔細端詳，讀出背後的奧妙。

原來，東岸的對面是西岸，理智的對岸是幻想，科學的對岸是藝術。此岸愈近，彼岸愈遠，前往彼岸，便要遠離此岸……。過去，他總是從一個港口，航向另一個港口，以爲能在港口找到家。其實，無邊無際的汪洋，才是他的家。水手丟棄了所有的航海儀器，從此跟汪洋合而爲一。慈祥老人帶領著水手，打破時間的領域，「歷史、時間、古往、今來，都與他同在。」

人生迂迴，反而發現更多喜悅

黃鴻隆認爲，靜止的汪洋，無限寬廣，象徵著現實的人生道路。

「世界何其寬廣美麗，就算到達一處理想的港口，也將遺漏其他美麗的風光境地；而航海使用的航海圖與羅盤，就像人世間的禮教與世俗標準，是一種引導，也是一種束縛，」黃鴻隆說，「這則故事意旨近老莊思想，只有到達超脫的心境，才能獲得真自由。」

〈汪洋〉的寓意，也是黃鴻隆走過漫漫人生的體悟。

當年，他有考取台北國立大學的實力，但在外祖父、外祖母無法北上陪伴的權衡下，只好高分低就，選擇離彰化老家較近的東海大學會計系。他改變自己說話潑人冷水的性格，從「邊緣人」變成「囝仔王」，經歷與正常大學生相同的美好團體生活。

當年，他的目標是在台北拚出一番事業，在父親的堅持下，不得不辭掉工作，返回彰化執業。一開始，眾人並不看好，他卻逆轉劣勢，交出亮眼的成績單。他所經營的會計師事務所，在中台灣有著極大的影響力，而他也悠遊於會計、法律兩個領域，推動了《公司法》的修訂。

就像是〈汪洋〉中的水手，尋找了一輩子，最後發現，汪洋本身就是他的目的地；黃鴻隆一生雖然走得迂迴，反而因此發現了生命的喜悅。

內心充滿正向能量

睡鐵肺、坐輪椅、戴呼吸器，是黃鴻隆的生活日常。雖然生活上，比一般人有著更多限制，但黃鴻隆總是洋溢著對生命的熱情，充滿正向能量。

保持正向能量，並不容易。人生難免有不如意的事，經常爲自己補充正向能量，才能境不轉心轉，以樂觀的心境迎接挑戰。

黃鴻隆在電腦裡，建立了一個龐大的知識庫，內容包括許多鼓舞人心的影片及簡報，像是殘障奧運桌球金牌得主萊納·施密特，或天生沒有四肢的澳洲佈道家、激勵者尼克·胡哲的演講內容。

這些生命鬥士的故事，彰顯人的力量，不會因身體不便而萎縮，反而還能無限延伸。觀看他們的影片，可以強化正向的能量。

涉獵生活美學

法國哲學家傅柯（Michel Foucault）曾說：「美學的生活，就是把自己的身體、行爲、感覺和激情，把自己不折不扣的存在，都變成一件藝術品。」

黃鴻隆很喜歡這段話，甚至請人以書法寫下來，掛在事務所的聯誼廳，而他的知識庫中，與生活美學有關的資料，也占了很大的篇幅。

從紅酒到普洱茶，從歌劇到印象派畫作，從歷史小說到宮廷劇，任何一個題目，都能成爲黃鴻隆的研究主題。他發揮學者精神，展開地毯式的資料蒐集，包括Youtube影片、Podcast節目，都是資料來源。

他將蒐集到的資料整理成系統，並不時加入個人的看法、注解。有些主題，他甚至還會製作成簡報檔。

大量涉獵生活美學，背後有著黃鴻隆經營人脈的用心。黃鴻隆經常會跟企業互動，「跟客戶見面，總不能一直談會計、法律，也要談談對方感興趣的話題，」黃鴻隆透露。他長期建立的知識庫，此時便派上用場，琴棋書畫，他都略知一二，平時也會看畫展、聽音樂會，跟客戶交流的內容因此更加豐富、更有深度。

黃鴻隆會活用知識庫裡的素材。舉例來說，當企業主的家族出現世代溝通障礙，此時跟他們分享一段以民初散文大師朱自清名作〈背影〉爲題的影片，比起苦口婆心勸說，更能喚起感動，有效化解彼此心結。

黃鴻隆喜歡說故事，他的知識庫也收錄了各種「一百個故事」，像是《關於邏輯學的一百個故事》、《關於法律的一百個故事》等，每次受邀演講，他會事先準備一些小故事，上台演講時用小故事化龍點睛，便能贏得滿堂彩，是很高明的做法。

熱愛閱讀，從知識中內化智慧，人生的疑惑往往能迎刃而解，與書本相伴的每一刻，黃鴻隆的內心都無比充實且快樂。

他們眼中的黃鴻隆

林廷芳 勤美公司董事長

黃會計師一直以來就活躍於中部企業界，我早已耳聞他的專業及熱心公益。我接任磐石會會長這段期間，出席過幾次他主辦的演講活動，才眞正認識這位鐵肺小巨人。這幾年來，黃會計師致力分享家族傳承經驗。嚴格說起來，我也是二代接班的代表，我父親所創辦的三聯科技股份有限公司，於二〇〇一年正式掛牌上櫃，就是爲了傳承與接班的需求，因此，我對這個議題也很有心得，十分關心。

記得有一次，跟黃會計師相約在彰化事務所深談，才發現我們都研究過歐洲的百年家族企業，也務實地認識到：中部企業發展至今，已有五、六十年，正是該認眞因應、面對企業傳承議題的時候，國外許多經驗都足以借鏡。

黃會計師曾經說過：「企業文化不應只是牆上的標語。」我非常同意，深得我心，想起自己的經驗，自小跟著父母，從公司基層員工做起，深切了解到「守成不易」這四個字的含義，以及家族傳承的重要性與艱巨使命，有了黃會計師的協助，相信未來我們一定可以透過磐石會等聯誼會的力量，共同爲家族傳承略盡棉薄之力。

第十八章

嶄新人生，從分享開始

年少的他，胸懷大志，高瞻遠矚；
中年的他，爲理想奮鬥，
衣帶漸寬終不悔；
如今，黃鴻隆透過分享開啟嶄新人生，
爲世界創造更多感動的時刻。

國學大師王國維在《人間詞話》中曾說，古今之成大事業、大學問者，必經過三種境界：「昨夜西風凋碧樹。獨上高樓，望盡天涯路」、「衣帶漸寬終不悔，爲伊消得人憔悴」、「衆裡尋他千百度，驀然回首，那人卻在燈火闌珊處」。

這三種境界，王國維雖是用來描述學術研究，但用來形容黃鴻隆的人生歷程也十分貼切。

第一種境界，是高瞻遠矚，見其他人未見之處。登上高樓，即使秋風掃落葉，滿地蕭索，仍看著遠方，因爲那是必須前往的方向。

黃鴻隆自幼罹患小兒麻痺症，行動不便。他仍懷抱遠大志向，畢業後兩年就考上會計師執照，成爲當時最年輕的會計師。他在台北求職時，雖然屢屢碰壁，最終還是獲得伯樂賞識。後來，因爲家庭因素，黃鴻隆必須返鄉執業，仍然以大型會計師事務所爲指標，期許自己能在台灣中部闖出一番事業。

「獨上西樓，望盡天涯路」的境界，就是立志，下定決心。像黃鴻隆牢記在心的座右銘：「與其過得安穩，我更願意接受生命的挑戰」，他爲自己設定很高的目標，並全力以赴，因爲他不願意平淡過一生。

爲了理想奮鬥終不悔

一九八五年十一月，黃鴻隆在彰化成立了「黃鴻隆會計師事務所」，從此展開「衣帶漸寬終不悔，爲伊消得人憔悴」的漫長歲月。

黃鴻隆心中的「伊」，是工作、是事業，是客戶、是夥伴，是把人生過得轟轟烈烈、有聲有色。

他將會計師這個角色，發揮得淋漓盡致。一九九四年開始，陸續參與肯尼士、維力食品、萬有紙業、惠勝、順東等財務艱困公司的重整檢查，從此花了極大的心力投入企業的破產、重整之旅，獲得國際知名商學教授李志文肯定，被譽爲「有深厚經濟學基礎的財務重整專家」。

公司企業重整是項財務大工程，必須與衆多債權人協商，不但曠日費時，還會被不合時宜的法令所牽制。若重整失敗，只能宣告破產，債權人、員工，甚至整個產業鏈，都因此遭到重創。

黃鴻隆希望透過《公司法》的修改來改變現狀，很多會計師界前輩都提醒他修法的困難，然而他認爲，修法是大是大非的事，非做不可。即使遭遇不少波折，在他的努力不懈下，終於順利完成了《公司法》重整相關條文的修正。

由重整到修法，黃鴻隆也從會計跨足法律。

他熱中社會參與，活躍於各社團，擔任過的角色不勝枚舉，包括：彰化縣政府訴願審議委員會的委員、全國會計師公會鑑識會計委員會的副主任委員、財團法人法律扶助基金會監督管理委員會委員、彰化縣政府廉政委員會委員、財團法人金融研訓院「公司重整」講座主持人暨講師、司法院司法人員研習所「一〇〇年行政法院法官在職研修」專題研討會與談人、彰化縣觀護志工協進會團長，以及第三屆總統府人權諮詢委員會委員等。

每一個職位，爲了不負所託，他都發揮所長，全心投入，交出亮眼的成績單。

「我不敢說自己有什麼成就，不過，自始至終我未曾放棄過理想。掏空自己，反而能裝

黃鴻隆從會計跨足法律，同時熱中社會參與。❶爲邀請一粒米女性經理人聯誼會創會長蔡惠卿（右二）參與演講活動。❷則是擔任彰化行政執行處國家賠償事件處理小組成員。

得更多，」黃鴻隆說。生命對他而言，如同風味深沉的琴酒，沉醉其間，回味無窮。

第二境界，重點在「終不悔」。下定決心之後，必然會面對各種挑戰、考驗。努力奮鬥的過程中，人瘦了、憔悴了，仍堅持不懈，爲了理想，在所不惜。世上沒有現成的康莊大道，每一條路，都是從草莽荒原中披荊斬棘而來。

很長一段時間，工作是黃鴻隆生活的全部，他清醒的每一刻，都在思考如何爲客戶提供更好的服務。很少有行動不便的人能像他一樣，爲了實踐理念，忘我奮鬥，比一般人更能卽知卽行，劍及履及。

二〇一〇年，黃鴻隆舉辦了第一次人生反思感恩酒會，公開宣布他往後的人生，一半的時間會放在公益，四分之一的時間給家人，四分之一的時間給事務所。

三次大難不死

上天給黃鴻隆的考驗，從來沒有少過，但他總是樂觀以對。

從一九八七年十二月一日到一九九〇年三月，黃鴻隆進行了脊椎側彎矯正相關手術，在手術室裡進進出出，承受著一次又一次身心煎熬，但是他始終勇敢而堅強，展露生命鬥士的韌性。

人生，是一篇做不完的選擇題，向前？向後？往左？往右？瞧瞧你心靈中的眞、善、美，那就是你的答案。

他三次跟死神擦身而過，慶幸的是，上天派來了他的生命貴人，呼吸治療權威王家弘醫師，將他從鬼門關前救回。

一九九二年，黃鴻隆因爲缺氧，第一次送秀傳醫院插管。院方原本束手無策，恰巧王家弘南下彰化演講，將他送往台北榮總，透過鐵肺進行呼吸治療，從此開啟了黃鴻隆的鐵肺人生。

一九九七年，黃鴻隆前往上海財經大學會計研究所進修，經香港回台灣時，在香港國際機場陷入昏迷，送皇家伊麗莎白醫院插管，外籍醫師毫無辦法，也是王家弘醫師專程跨海救他一命。

二〇一六年年底，黃鴻隆跟客戶好友組團，想一圓自行車環台的夢想。爲了這次壯舉，黃鴻隆進行行前訓練，運動過度，導致橫紋肌溶解症，引發二氧化碳滯留，二〇一七年年初，陷入昏迷，第三次插管，再度命懸一線，又是王家弘醫師臨時取消週末原訂行程，第三度專程南下，再度救他一命。

黃鴻隆在加護病房住了二十八天，總算死裡逃生。不過，經過此劫，黃鴻隆除了每晚仍需睡鐵肺，用負壓協助呼吸外，也要帶著正壓呼吸器呼吸，也就是「正」、「負」雙管齊下，才能保障生命的存續。

每一個清晨，黃鴻隆從鐵肺醒來，總是滿心感恩。

知曉人生使命

大難不死，已經是一種福氣，而黃鴻隆歷經了三次。他相信，自己能夠活下來，是上天的恩賜，背後必有深意。

六年過去了，黃鴻隆愈來愈清楚，此生將何去何從。

南宋大詞人辛棄疾的詞作〈青玉案．元夕〉是千古絕唱，最後三句：「眾裡尋他千百度，驀然回首，那人卻在燈火闌珊處」，更是家喻戶曉。

辛棄疾筆下的原意，或許只是情路上的峰迴路轉，而王國維則賦予更深刻的詮釋，代表走過千山萬水，豁然開朗的第三境界。

經歷了半生的「衣帶漸寬終不悔」，又跨過三次生死交關，所有的考驗加起來，或許就是所謂「天將降大任於斯人也，必先苦其心志，勞其筋骨」。當黃鴻隆通過這些考驗，如今的他，已然知曉自己的人生使命，看到了上天交給他的課題。

二〇二三年九月，黃鴻隆舉辦人生第二次「眞情告白」的感恩酒會。過去，他承受許多愛與關懷，他要感恩，表達最深的謝意；同時，他也要向親朋好友眞情告白，他的人生即將進入嶄新的階段，「成全，是他餘生的意義；分享，是他此生的去處。」

燃燒生命，只爲不虛此生

黃鴻隆的嶄新人生，從「成全．分享」開始。

對於所有的客戶，他會不斷燃燒自己，「成全」所有台灣的家族企業，成爲百年家族，成爲幸福企業，扮演好「化解財經糾紛的貴人，防杜財經糾紛的好友」的角色。所以他結合知名國際友人，共同在台公益出版《百年家族企業永續傳承心法——家族治理執行清單》等書。

對於自己的生命故事，他希望透過這本傳記《帶著桎梏翱翔》，影響更多的生命。他期許自己能做到三個面向：首先，將他鐵肺人生的奇妙風景，分享給全球人士；其次，透過公益出書、文字感召，對華人世界分享自己的人生經歷跟奮鬥過程；另外，他還要將殘障身軀的非凡恩典，分享給所有的身障人士。

黃鴻隆，這位輪椅上的巨人，一路走來的不凡人生，値得讓更多人知道。他殘而不廢的奮鬥歷程，證明人的意志力與行動力可以克服身體上的限制，將爲身障人士帶來啟發；他無私奉獻，投入公益，爲社會挹注善的能量，會號召更多能人投入公益的行列；他靠鐵肺續命，每一天如同重生，看著容光煥發的自己，以感恩之心，爲世界創造更多感動。

他會持續燃燒生命，直到最後一刻，讓此生不虛此行。

著有《鋼鐵是怎麼煉成的》的俄國作家奧斯特洛夫斯基（Ostrovsky）曾說：「人生最美好的，就是在你停止生存時，還能以你所創造的一切，爲人民服務。」如果你爲這個世界留下了意義，即使生命終止，價值仍然恆久流傳。

就像那篇網路上的短文：「如果我是一支河流，我會放棄奔流到海。我選擇化爲甘泉流入麥田。你要問我爲什麼，請聽聽農民伯伯的笑聲，那，就是我的答案。」這也是黃鴻隆的自我期許，化爲心靈甘泉，造福衆生。

生命雖有限，所創造的價值卻是無限。黃鴻隆已體悟生命的道理，將用分享的方式，開啟另一個階段的精采人生，在時間的長河中留下典範。

他們眼中的黃鴻隆

蔡惠卿 上銀科技總經理

黃鴻隆會計師是一位生命鬥士，他從成長、求學、就業、創業、協助企業重整與家族傳承等等，宛如看一場人生的劇場，而黃會計師是導演兼製作人及演員，劇情多彩多姿。若以企業經營的角度來看，從他的人生中也可以體會到台灣從一九五〇年代發展至今的繁榮軌跡，這期間承蒙嬰兒潮世代的族群，兢兢業業耕耘台灣這塊土地，而黃會計師就是其中最經典的人物之一。

黃會計師因擁有外祖父母深厚的愛，而造就了一雙隱形的翅膀，讓他不受身障之苦而仍能讓生命自在飛翔，憑著意志力與對生命的熱愛，成就一個不平凡的人生。

無論我們的人生正面臨什麼樣的旅程，能輕鬆呼吸就是一件珍貴的禮物，黃會計師以自己的生命故事分享讀者，啟發更多人珍惜生命中的每一天，希望黃會計師未來的夢想仍逐一踏實。

一結語一

用心經營生命的人

二〇二三年五月五日，台北南港展覽館。

黃鴻隆體驗客戶老友許國忠爲他量身打造的「舒眠腹氧機」後，正值中午，兩人便前往樓上的餐廳用餐。邊吃邊聊時，一個聲音響起：「請問是黃鴻隆會計師嗎？」

來者姓陳，任職彰化社福單位，過去曾當過彰化縣政府社會局局長。「我以前請過黃會計師來演講，非常感動。黃會計師爲社會做了很多貢獻，我眞的非常崇拜他，」陳先生說。

醫師、律師、會計師合稱「三師」，其中一般人較不容易接觸到的，便是會計師。黃鴻隆身爲會計師，不僅在業界鼎鼎有名，甚至還能收獲其他領域的粉絲，相當不容易。

因爲，他是個用心經營生命的人。

曾經有人問黃鴻隆：「黃會計師，每次看你跟人談事情，總是那麼樂觀。爲什麼你能夠保持熱情洋溢？」

其實，他的樂觀、熱情洋溢，來自生命的試煉。上天給黃鴻隆的考驗，從來不曾少過。過去，他面對挫折時，也會經患得患失，甚至在坐在鐵肺上時也恍神過。後來，經過一次巨大挫折後，他的內心突然沉靜下來，對於挫折有了不同的看法。

「如果你把挫折當作淬煉自己最難得的機會，就會懷抱感恩之心。每個挫折，看似困難，其實是禮物，當你解決了困難，就會變得更強大，」黃鴻隆說。

轉念之後，黃鴻隆坦然自在，每天都過得充實而快樂，也就是他經常掛在嘴邊的「生命的喜悅」。

他經常受邀到學校演講，就是希望把這份生命的喜悅分享出去，以自身經驗告訴年輕世代，黑暗中總有光，困境中仍能找到機會。

生命總會在人們通過最艱困的考驗後，展示最美好的風景。黃鴻隆一路走來，難關很多，但是有守護他的外祖父及外祖母、與他共度青春歲月的同學、賞識他的職場貴人、最挺他的客戶、爲他救命的醫師、陪他打拚的事務所同仁，以及關心他的家人，眾人的愛與支持，便是他人生路上最美的風景。

因爲感動，因爲感恩，黃鴻隆迫不及待，想要分享。

「但願每個人都能從我的分享中獲得啟發，成爲生命的經營者、快樂的締造者，」這是黃鴻隆最深切的祝福。

附錄

黃鴻隆的生命足跡

1957 出生於彰化市，家中排行老二。

1960 兩歲七個月，當時台灣小兒麻痺病毒肆虐，疑因體虛而罹患小兒麻痺症，父母由於工作忙碌，故將他送至桃園外祖父家照顧。

1977 參考導師建議及地利之便，就讀東海大學會計系。

1981 大學畢業，大學期間學會獨立生活，撐拐杖出席畢業典禮。

1983 二十六歲，在桃園閉關兩年後考取會計師，是東海會計系第一位，也是當時全國最年輕會計師。

1983～1984 二十六至二十七歲，在台北經過三份工作歷練後，於父親安排下返鄉。

1985 取得兩年期滿的工作資格後，黃鴻隆會計師事務所開張，正式在彰化執業。

1987	家庭暴發債務危機，金額高達三千六百多萬，在各方的協助以及諒解之下，共費時十二個年頭，總算解決。
1987～1988	第一次開刀進行矯正手術，因脊椎側彎狀況複雜，手術拿掉兩根肋骨。之後陸續接受第二次腰椎、骨盆椎手術；第三次頸椎和胸椎手術。
1989	由於脊椎彎曲幅度過大，支架因承受不住壓力脫鉤而進行第四次手術。
1990	因支架斷裂進行第五次開刀，手術十二小時，從此不能再撐拐杖。
1990年底	外祖母發現罹患肺癌，旋即仙逝；外祖父傷心欲絕，隨後不到六個年頭，外祖父也跟著過世。
1992年底	嘴唇發黑，送醫後陷入昏迷，第一次插管，醫院發出病危通知。
1993	初遇王家弘醫師，經診斷爲呼吸肌肉過勞，經王醫師推薦首次使用鐵肺，從此與鐵肺密不可分。

1995	受法院委託，擔任肯尼士重整檢查人。
1996年底	參與維力食品重整，曾任重整檢查人、重整監督人，全程跟訪債權銀行協商。
1997年底~1998年初	赴上海財經大學念研究所；第二次插管，呼吸器故障於香港昏迷，王家弘醫師跨海救援。
1998	與周志誠會計師等人合作，成立誠品聯合會計師事務所；目前旗下共四間事務所。
2005	成爲彰化縣訴願審議委員會委員，並於重整案後推動修法，研究法律，爲民衆發聲。
2006	爲了表示對學校的支持，黃鴻隆讀東海第一屆EMBA，成爲首屆學員。
2008	獲東海大學第九屆傑出校友，校方以爲生命活出熱情與意義的黃鴻隆爲榮。

2011 成立公益信託誠品法務會計研究發展基金，為首度由民間發起，贊助國內財經法律環境研究；就讀中興大學法律學系在職專班。

2015 成立中華商道發展協會，分享中國經典的能量，涵養大商器識。

2015年底 成立大有家族辦公室，協助家族企業從事傳承布局，邁向永續經營。

2016年底~2017年初 為自行車環台訓練過度，導致橫紋肌溶解，二氧化碳滯留，第三次插管。

2019 喜來登飯店創辦人之女米茲．柏杜受邀來台，胡玉瑩、黃鴻隆安排，出席家族企業傳承論壇。

2021 《百年家族企業永續傳承心法——家族治理執行清單》出版，以編譯方式呈現，黃鴻隆、胡玉瑩並列作者。

社會人文 BGB563

帶著桎梏翱翔

鐵肺會計師黃鴻隆

作者 — 史威爾

企劃出版部總編輯 — 李桂芬
主編 — 羅德禎
文字編輯 — 黃怡蒨
責任編輯 — 李美貞（特約）
封面設計 — 李健邦
圖片來源 — 黃鴻隆

出版者 — 遠見天下文化出版股份有限公司
創辦人 — 高希均、王力行
遠見・天下文化 事業群榮譽董事長 — 高希均
遠見・天下文化 事業群董事長 — 王力行
天下文化社長 — 林天來
國際事務開發部兼版權中心總監 — 潘欣
法律顧問 — 理律法律事務所陳長文律師
著作權顧問 — 魏啟翔律師
社址 — 台北市 104 松江路 93 巷 1 號
讀者服務專線 — 02-2662-0012 ｜ 傳真 — 02-2662-0007；02-2662-0009
電子郵件信箱 — cwpc@cwgv.com.tw
直接郵撥帳號 — 1326703-6 號　遠見天下文化出版股份有限公司

內文排版 — 立全電腦印前排版有限公司
製版廠 — 中原造像股份有限公司
印刷廠 — 中原造像股份有限公司
裝訂廠 — 中原造像股份有限公司
登記證 — 局版台業字第 2517 號
總經銷 — 大和書報圖書股份有限公司｜電話 — 02-8990-2588
出版日期 — 2023 年 9 月 19 日第一版第一次印行
2023 年 10 月 6 日第一版第二次印行

定價 — NT480 元
ISBN — 978-626-355-422-1
EISBN — 978-626-355-434-4（EPUB）；978-626-355-435-1（PDF）
書號 — BGB563
天下文化官網 — bookzone.cwgv.com.tw

國家圖書館出版品預行編目(CIP)資料

帶著桎梏翱翔：鐵肺會計師黃鴻隆/史威爾著.
-- 第一版. -- 臺北市：遠見天下文化出版股份有限公司, 2023.09
240面；17×23公分. -- (社會人文；BGB563)

ISBN 978-626-355-422-1(平裝)

1.CST: 黃鴻隆 2.CST: 傳記

783.3886　　112014821

天下文化

BELIEVE IN READING